# 天南地北

# 霍邱人

《天南地北霍邱人》编委会　编著

北京师范大学出版集团
BEIJING NORMAL UNIVERSITY PUBLISHING GROUP
安徽大学出版社

**图书在版编目(CIP)数据**

天南地北霍邱人/《天南地北霍邱人》编委会编著. —合肥:安徽大学出版社,2020.9

ISBN 978-7-5664-2106-7

Ⅰ. ①天… Ⅱ. ①天… Ⅲ. ①人物—生平事迹—霍邱县—现代 Ⅳ. ①K820.854

中国版本图书馆 CIP 数据核字(2020)第 177086 号

**天南地北霍邱人**

TIANNAN DIBEI HUOQIUREN

《天南地北霍邱人》编委会 **编著**

**出版发行**:北京师范大学出版集团
安徽大学出版社
(安徽省合肥市肥西路 3 号 邮编 230039)
www.bnupg.com.cn
www.ahupress.com.cn

**印　　刷**:合肥远东印务有限责任公司
**经　　销**:全国新华书店
**开　　本**:170 mm×240 mm
**印　　张**:21.75
**字　　数**:347 千字
**版　　次**:2020 年 9 月第 1 版
**印　　次**:2020 年 9 月第 1 次印刷
**定　　价**:168.00 元
ISBN 978-7-5664-2106-7

**策划编辑**:唐洪全　刘婷婷　王　黎
**责任编辑**:刘婷婷　邱　昱
**责任校对**:马晓波
**装帧设计**:李　军　孟献辉
**美术编辑**:李　军
**责任印制**:陈　如　孟献辉

# 《天南地北霍邱人》

## 编委会

# 目录

# 前言

大别山脉，绵延千年文化；泱泱淮水，哺育千万儿女。古蓼大地，人杰地灵，英雄豪杰辈出。曾几何时，淮畔赤子，纷随务工热潮，背井离乡，或孤身一人，或携妻带子，战天斗地于四方，开拓进取于各行。他们敢为人先，勇立潮头，顽强拼搏，艰辛创业，历经坎坷。他们不忘初心，终成事业。他们是追梦人，是弄潮儿，是冒险家，他们更是践行者。圆梦后的他们，心系故土，情系故人，反哺故乡，报恩故里，可歌可赞。

十年来，霍邱县广播电视台《天南地北霍邱人》栏目组，踏遍祖国大江南北，找寻家乡成功人士，聚焦时代变迁，记录创业历程；讲述励志故事，挖掘成功经验；宣传拼搏精神，报道奉献情结，获得县内外广泛关注和赞誉。为彰显先进典型，根据自愿原则首批遴选八十余人（排名不分先后）的采访报道，变音像为图文，对其进行深度加工，使读者了解典型，知晓典型，学习典型，以激励霍邱人更加发愤图强，锐意进取，为全面建设幸福美好新霍邱作出新的贡献。

中共霍邱县委宣传部
合肥高新区霍邱现代产业园
霍邱县人才工作领导小组办公室
霍邱县投资创业中心
霍邱县广播电视台

# 友谊第一

## ——记杭州市萧山区友谊学校校长　丁瑞甫

“友谊第一”，原本是指在竞技比赛中所表现出的一种友好的运动精神，而杭州市萧山区友谊学校将其作为办学原则。在杭州市萧山区20多所外来民工子弟学校中，友谊学校为全区民办学校树立了榜样。20年的风风雨雨，友谊学校校长丁瑞甫走过了不同寻常的办学之路。

世纪之交，正值打工潮兴起，许多打工者子女跟随父母迁到外地，一时间遭遇了上学难的问题。面对这一问题，家住霍邱县彭塔乡梁塘村的丁瑞甫觉得兴办学校是解决难题的良方，于是带着美好的愿望来到了杭州。

“当时外出打工的人都拖家带口，小孩在家没人带，大多跟随大人流入打工地。异地读书在那个年代相当困难，因而很多适龄儿童无学可上。在这种情况下，我带着霍邱县教育局发放的办学许可证来到杭州萧山。”丁瑞甫说。

2000年，丁瑞甫来到杭州市萧山经济技术开发区，租下两间民房，购买了教学设备，招聘了6名老师。就这样，一所简陋的民工子弟学校开学了。第一学期学校招收了83名学生,每名学生每学期收取300元学费。在扣除房租后办学经费所剩无几,甚至连老师工资都不够发。

丁瑞甫面临的困难远不止这些。自开学那天起,友谊学校就因办学条件不足、师资力量不够等原因,成为当地政府重点“关注”的对象。有关部门多次上门检查,要求学校停止办学。有一次,当地政府组织专项工作组到学校准备没收课桌椅,却遭到师生和家长的极力阻拦。这时在场的一位领导意识到事情并非这么简单。在当时特定的情况下,“上学难”已成为影响社会稳定与发展的重大问题。如何解决这一问题是摆在政府和丁瑞甫面前的一道难题。

后来,在当地政府的支持下,丁瑞甫找到了一处大一点的厂房作校舍。经过修缮,校容校貌得到了很大的改善。可是到了开学季,前来报名的学生一下子猛增了1400多名,这让刚刚完成搬迁的友谊学校措手不及。教学设施落后、活动场地不足、师资力量匮乏等一系列问题,也引起了当地政府的高度重视。2003年,依据新出台的《中华人民共和国民办教育促进法》,学校和投资方在约定的框架内进行合作,对学校进行改造。自此

一所崭新的学校拔地而起，友谊学校也真正融入杭州市民办教育体系之中。

让每一个外来民工的子女有书读，是友谊学校办学的初衷。从取缔到大力扶持，也无不体现了当地政府为解决“上学难”这一民生问题所作出的努力。而丁瑞甫也以满腔的热忱承担着这一社会责任，他也因此先后获得萧山区“十佳青年”和杭州市“十佳外来创业青年”等荣誉称号。

丁瑞甫感慨道：“我们友谊学校第一个五年属于初创期，完成了让外来民工子女有书读这一使命。第二个五年是规范期，教师队伍建设、教学设施、校园文化、教学质量和办学特色等均得到长足发展。”

“融入萧山教育，看齐当地学校，领先同类学校”，友谊学校紧紧围绕这一目标，全面实施“友谊特色、品牌取胜、内涵发展”的战略，以特色教育为龙头，彰显办学特色；以星级学生评价体系为形式，突出精品；以创建民办“窗口”学校为动力，促进学校跨越式发展，使学校逐步形成环境优势、生源优势、管理优势和品牌优势。近年来，随着教育品质的不断提升，友谊学校加大投入，促使学校转型升级，努力创建“智慧校园”。与此同时，大力加强师资队伍建设，通过学习培训、交流合作等多种形式，全面提高教育教学水平。

丁瑞甫说：“近年来，学校在稳定教师工资标准的情况下，每年增加50万元作为年终绩效考核奖励，用来提高教师待遇、稳定教师队伍。”同时在教研方面，学校设立了友谊名师工作站，与萧山区内的公办优质教师资源对接。现已有10位名师加入其中，带动各个教研组，培养自己的师资力量。在安全管理方面，从创办至今常抓不懈，学校已成为杭州市平安校园。在特色教学方面，找准切入点，开展校园足球活动，连续六年在全区获得足球赛冠军，是萧山区唯一一所“浙江省校园足球特色学校”。

如果说20年前丁瑞甫把办学当成创业的门路，那么20年后，这种想法已不复存在，取而代之的是丁瑞甫对教育事业的孜孜追求。创办学校，让孩子“有书读”“读好书”，丁瑞甫追求教育梦想的脚步一刻都没停下。

# 泪洒创业路

## ——记安徽中宏保安服务有限公司董事长　马开军

创业之路并非一帆风顺，有甘甜，也有苦涩；有成功的喜悦，也有失败的辛酸。马开军想起当年创业失败的经历，那一幕幕依然历历在目。

"当时我信心满满，觉得做什么都能成功，自己也有足够的资金支持创业，但是万万没想到会败得那么惨。"马开军感慨地说。

马开军家住霍邱县众兴集镇西皋村，十几岁便远赴海南打工，从一名普通的矿工逐步干到技术骨干，月薪上万元。20年前，这样的薪水令人羡慕。可是打工6年，当他回到家乡时却是两手空空。

马开军回忆说："我那时喜欢交朋友，赚到钱就拿去吃喝玩乐，全部挥霍掉。那时候自己还是比较稚嫩的，也没有人生规划。"

1997年，马开军参军来到苏州，退伍后经部队推荐，进入苏州太湖之星物业公司工作，很快成为班长，不久后便被提拔为总经理助理。出于工作需要和想为今后创业打下基础，马开军有心观察各部门的工作。例如，看工程部在做什么，财务部门是怎样做事的，环境部门又是怎么做事的。很快他便熟悉了物业公司各个部门的业务。

正当他的事业处于上升期，马开军却找到物业公司总经理，提出了辞职的请求。

总经理看了看他，以为马开军辞职是因为嫌工资少。他诧异地问马开军：“你想要多少工资？ 800块钱工资不少了，我们当经理的每月也才几百块钱，你知足吧。”

马开军果断地回答：“经理，谢谢您，但是我辞定了，我就是要拿比800块钱更多的工资。”

马开军辞职后，并没有放弃学习物业管理知识，他参加了物业管理业务培训并取得了物业经理资格证书。接着，他顺利应聘到一家来自新加坡的物业公司，担任项目经理。在实践中，他学到了靠制度管理公司的新理念：第一，依靠能力你可以做任何工作；第二，周期性地调到各个岗位进行交流，能熟悉各部门的工作；第三，所有项目开销都要经过预算，经理只能在预算内行使权力。

2004年，马开军先后创办了苏州麦金物业服务有限公司、苏州百合保安服务有限公司、太仓百合物业服务有限公司等多家企业。短短几年内，公司业务遍布太仓、常熟、昆山等城市，为上百家企事业单位和住宅小区提供服务。正当马开军事业红红火火的时候，他却突然关闭了所有的公司。马开军说：“在一个行业做久了就会产生倦怠，我也想去尝试做新的行业。”

然而马开军只看到新行业的机遇，却忽视了跨行业创业的风险。2010年之后的短短两年内，马开军跨界创业，先后参与了足浴中心、化妆品代理和鲜花销售三个项目，均以失败告终，亏损2000多万元。他不仅变卖了自己名下所有的房产，还欠下了数百万元的债务。

从身家千万到一无所有，马开军似乎经历了一场噩梦。他心里就像打翻了五味瓶，酸甜苦辣与彷徨、迷茫、懊悔交织在一起。但回到家里，他从来不提生意上的事情，再重的担子也一个人默默扛着。

经历挫折，马开军才真正明白了隔行如隔山的道理。他擦干眼泪，打起精神，重新拾起老行当，以崭新的姿态迎接挑战。仅用一年的时间，马开军又与原来的客户建立起了联系。

2013年，马开军来到滁州，成立了安徽中宏保安服务有限公司。他将安徽中宏保安与苏州百合保安进行资源整合，以重视保安、尊重保安、优待保安为己任，以诚信经营、客户至上为经营理念，为滁州安保工作带来全新的理念。随着苏滁工业园各类项目落地，中宏保安已入驻苏滁工业园30多家企业，并成功承接了2018年滁州花博园游园灯会安保项目。目

前中宏保安服务有限公司立足滁州，已将业务范围拓展到合肥、南京和苏州等地。

十多年的风风雨雨，马开军经历了从挫折中奋起、在艰难中勇敢前行的过程。在这一过程中，他深刻体会到，干一行爱一行、尊重职业、忠于企业才是成功之道。

# 路遥知“马力”

## ——记安徽马力建设集团股份有限公司董事长　马从贵

“铁饭碗”一直被人们所羡慕，拥有“铁饭碗”在大多数人看来就意味着工作稳定、衣食无忧。20年前，身为人民教师的马从贵却偏偏选择离开学校，丢掉“铁饭碗”，这让家人很不理解。

“我父亲当时特别反对我辞去教师的工作，他说‘我辛辛苦苦把你培养出来，供你上大学，让你有了正式工作，而你却不争气’。”马从贵回忆道。

马从贵家住霍邱县潘集镇，1991年毕业于安徽建工学院（现为安徽建筑大学），毕业后被分配到原霍邱县陈埠职业高级中学工作。作为专业人才，马从贵的到来填补了陈埠职业高级中学工民建专业教学的空白。

在当时既没有教学计划，也没有教材教具的情况下，马从贵一切从零开始。他依照安徽建工学院的教学方案，结合本校职业教育特点，通过调整教学计划，设置相关课程，不仅让学生习得专业知识，而且让学生具备实际上岗能力。

1994年陈埠职业高级中学第一届工民建专业学生毕业以后，学校出现了招生断层。当时马从贵刚刚结婚，爱人在合肥工作，学校和家庭情况使他不得不离开心爱的课堂。

“实事求是地讲，当时自己也没有什么远大的抱负，也没想过经商办企业。之所以选择离职是出于两方面考虑：一是在学校专业招生出现断层的时候，我能有充足的时间充电，到社会上锻炼自己，充实自己，因为建筑专业的教学离不开实践，否则理论教学与实践结合不上；二是为生活所迫，因为家在合肥，在霍邱工作靠微薄的工资连往返于家与单位之间的路费都付不起，所以为了照顾家庭我来到合肥打工。”马从贵介绍说。

就这样，马从贵离开了陈埠职业高级中学，来到安徽广厦建筑集团从事预算工作。工作了几个月后，他觉得预算工作依然是纸上谈兵，自己得不到实践锻炼，于是他请求到项目部当技术员。

“我到项目部之后，公司正在承建肥西县某单位大楼。我在这个项目里一干就是好几年，从技术员、放线员、质量员到施工员，每个岗位我都干过。”

到建筑一线工作，马从贵如鱼得水，很快将自己的专业知识运用到实践中去，了解了建筑项目各个环节和流程。在短短的两年时间里，马从贵先后担任过技术总监和项目部经理，全面负责项目施工。

1997年，马从贵爱人所在单位准备集资兴建春晖大酒店。为了节省设计费用，请马从贵帮忙设计图纸，他欣然应允。

“那时候我还不会用电脑画设计图，只好全部用手画。设计图做好之后，对方要给我报酬，而我觉得我爱人是这个单位的员工，帮个忙是应该的，因此没收取任何酬劳。”马从贵说。

马从贵的诚实与憨厚赢得了爱人单位领导的信任，春晖大酒店的项目建设工作顺其自然地交给了他。这是他个人承包并独立完成施工管理的第一项工程，这不仅提高了马从贵的实践能力，而且使他获得了一定的收益。

1999年，马从贵被北京朝阳建筑公司聘为技术总工。由于他工作踏实认真，第二年便升为公司总经理。

“我在北京不仅学习了更多的专业知识，还学会了新的工艺。这让我对这个行业充满了信心。”他欣慰地说。

干事业的能量往往来自信心与追求。多年职业生涯的磨炼，让马从贵在建筑行业得到全方位的历练。2004年他回到合肥，走上自主创业之路，与广厦集团合作，先后承接了合肥电厂综合大楼、徽商大市场等一批建筑工程。2007年他还注册成立了安徽马力防水保温材料有限公司，接着注册成立了安徽马力建筑装饰有限公司。

创业之路虽并非一帆风顺，马从贵品尝过创业的艰辛，但也品味了成功的喜悦和对他人抱有感恩之情。

“在走向成功的道路上，我时常会获得许多帮助，对于滴水之恩我会涌泉相报。我把这种感恩之心化为自己的社会责任感，去帮助更多的人。”他深有感触地说。

正是马从贵内心深处那颗感恩的心，培养了他诚实守信的品德，使他赢得了事业的辉煌。十多年来，马从贵从白手起家，到如今创办了安徽马力建筑装饰集团有限公司，旗下拥有了安徽马力建筑装饰工程有限公司、安徽贵恒环保节能科技有限公司、安徽马力项目投资管理有限公司、安徽惠恒建设项目管理有限公司等子公司。在创业的道路上，马从贵将继续走下去。

# 妙笔丹青绘爱心

## ——记苏州市吴江区爱心小学创办人　方元德

“十年树木，百年树人。”对于教育来说，社会责任远比经济效益来得重要。苏州市吴江区爱心小学依托书法特色教育，不断提升学生的综合素质，走出了一条创新共享的品牌教育之路。学校创办人方元德以丹青妙笔绘写爱心与责任，用忠诚和执着践行信仰与担当。

走进苏州市吴江区爱心小学，学校里处处洋溢着浓厚的书法氛围。走廊里、教室中随处可见同学们的书法作品。它们或遒劲有力，或细致工整，如笔走龙蛇，若行云流水。每一幅书法作品都凝聚着老师们的汗水和努力，浸润着孩子们的专注与勤奋，也蕴含着方元德的心血与付出。

方元德家住霍邱县众兴集镇，高中毕业被招工到原霍邱县水泥厂销售科工作。20世纪90年代，他父亲所在的西皋供销社面临体制改革，他便辞

职与父亲一起租赁承包了供销社农资门市部，经营销售农药、化肥、种子等农资产品。但由于市场竞争大，农资生意每况愈下。

后来在亲戚的带动下，方元德投资20万元，在上海闸北区创办了一所民工子弟学校。但仅仅一年后，因老城改造，学校便关闭了。后来在朋友介绍下，方元德夫妻俩来到苏州盛泽，租下一栋办公楼，投资30万元创办了盛泽思进小学。

2001年，方元德将盛泽思进小学交由爱人打理，自己开始创办吴江爱心小学。可是创业之路从来就不是一帆风顺的，在此后的十多年里，爱心小学经历了三次搬迁。但方元德不抛弃、不放弃，化挑战为机遇。最终在当地政府的支持下，爱心小学有了稳定的校址，整体办学水平有了显著提升。

2016年，爱心小学顺利迁入新校区。学校占地26亩，建筑面积20000多平方米，先后投入2300万元。学校拥有普通教室36个，电脑、书法、音乐、美术、舞蹈、科学等科目专用教室18个，标准化食堂1个，可容600名学生同时就餐。幼儿部有幼儿活动场地1500平方米，配备幼儿户外大型活动器材。全校有学生1900多人，教职工共计110人。

十多年风雨兼程，爱心小学从一个学生流动、教师流动、校舍流动的“三流”学校，发展成为花园似的标准化学校，其中的酸甜苦辣不言而喻。经过多年历练，方元德对办学也有了全新的认识。他说：“开始时我们把办学校当作商机，但经过这么多年的奋斗，我的这种想法逐渐转变为对教育事业的追求。如果要问这些年我获得了什么，这1900名孩子就是我的财富。”

为了创造良好的教学环境，爱心小学在加强基础设施建设的同时，不断加大校园特色文化建设力度，努力打造以书法为主的特色教育品牌。2016年，学校获批为苏州市书法教育实验基地，同年被评为苏州市书法教育先进集体。2017年获批为江苏省硬笔书法家协会培训基地，同年9月学校出版了苏州市吴江区爱心小学书法校本教材，被江苏省教育学会书法专业委员会评为“江苏省中小学书法教育示范学校”。

为了提高教学质量，爱心小学与山湖花园小学结为帮扶学校。在山湖花园小学优质教育资源、优质教学管理的带动下，爱心小学的教学工作

日趋精细优质。开齐上足各类课程，和公立小学互统整合、互动合作，统一进度、统一考核、统一评价。2017年，在吴江区教育局组织的教育、教学、安全、卫生、财务等方面的考核中，爱心小学在全区21所外来民工学校中获得第一名。高品位的校园文化、高质量的教育管理、高素质的教师队伍、高水平的教学研究，一直是爱心小学的办学追求。方元德正带领着全校2000多名师生不断前行。

# 车轮丈量我的梦

## ——记上海方氏供应链管理有限公司董事长　方传宏

车轮滚滚，人未改变；星移物换，梦在心间。方传宏出生在乡野田间，如今他通过自己的双手，完成了自己人生的逆袭。他曾一日三餐都得不到保障，如今却成为拥有11家子公司的集团公司的创始人。

方传宏家住霍邱县宋店乡，初中毕业后参军来到部队，退伍后又跟随打工潮离开家乡来到上海。

“到上海时，身上就剩50多元钱了。早上吃点饭出去找活干，晚上回到住处才能吃上饭，中午基本没饭吃。饥一顿饱一顿的，也没固定住所，在哪干活就在哪住。”方传宏回忆道。

方传宏一无学历二无技术，有的只是一双勤劳的手和一颗努力奋斗的心。他四处打零工维持生计，在工地上帮人拉水泥，在码头上帮人搬沙袋。由于他身材瘦小，干力气活经常力不从心，但是在搬运过程中，聪明

的他在与车辆打交道之中，发现新的转机。

“后来我幸运地来到一家国有企业车队工作，师傅看我做事利索、任劳任怨，就收我为徒。那时的车队也就相当于现在的物流。”方传宏介绍说。

从那以后，方传宏便进了物流行业。他每天跟着师傅忙前忙后，东奔西跑，从接送师傅上下班到照顾师傅的生活，力求做到无微不至。

“师傅出去谈业务，我就跟在后面，帮他拎包、推自行车。有时他骑不动车子，我就骑自行车带着他。后来我干脆花了1000多元钱，买了一辆二手摩托车，早上在小区门口等着接他，然后载着他去谈业务，晚上再把他送回家。在师傅谈业务的同时，我也认识了许多客户。”他回忆道。

方传宏辛勤的付出有了收获。他不仅了解了物流公司的业务流程，而且学到了物流行业的实践经验，业余时间他继续函授读郑州大学物流专业。师傅把这些看在眼里记在心里，尽量把自己的客户介绍给方传宏。1999年，师父即将退休，在师傅的帮助下，方传宏投入20万元，购买了第一辆货车，成立了自己的货运公司。

“这20万元全是借的，十几家亲戚朋友帮我凑起来的。那时的20万可不是个小数字，这笔钱对我来说非常重要。”方传宏说。

公司成立初期，方传宏既当老板又当员工，他开着一辆解放牌货车，开始了自己的运输创业生涯。在师傅和朋友的介绍和帮助下，方传宏的公司和安利公司建立了合作关系。紧接着公司业务量越来越大，一辆货车远远满足不了业务需求，方传宏便逐步开始增加车辆。随着车辆逐渐增加，方氏物流的名气也越来越大，先后承接了大润发超市、江淮汽车、沃尔玛超市等知名企业的运输业务。2001年，方传宏注册成立上海方氏供应链管理有限公司。

方传宏说：“慢慢地，公司就像滚雪球一样越滚越大，从拥有一辆货车发展到现在拥有近300辆各种类型的货运车。”

年营业额达五亿元的现代化企业集团公司的董事长方传宏的经营理念是，靠信誉赢得客户、以诚信开辟更大的物流市场。

他感慨道：“不怕没生意，就怕不讲诚信，不知感恩。一旦有了诚信，知道感恩，黄土都能变成金。所以我经常教育员工，生意不成仁义在，赚钱是理所当然的，坚守诚信更是天经地义的。”

方传宏说这段话也是事出有因的。2006年，当时方氏物流承接了宝钢集团一批上海至西藏的货物运输业务，合作项目运费为30万元。但由于前期成本核算失误，以及遭遇不可预测的风险因素，这批货物运到西藏的成本将达到50万元。如果方氏物流单方面退出合作，虽然可避免产生20万元的损失，但失去的是诚信。方传宏当机立断顶住公司亏损的压力，将货物安全送达。宝钢集团在得知这件事后很受感动，更加信任这一讲诚信的合作伙伴。正是这种信誉至上的经营理念，使方氏物流和上海宝钢建立了长期合作关系。也正是因为诚信，方氏物流得以从只有一辆货车的小公司发展成物流集团公司。

目前，方氏集团股份有限公司已拥有子公司上海方氏供应链管理有限公司，业务涉及国际化工贸易、冷链物流、危化品物流、物业管理、教育、快捷商务宾馆、便利店和连锁超市、电商产业园、精密仪器自动化加工制造等行业。2012年方传宏对霍邱县白莲乡长塘小学进行捐赠和帮扶，2016年对霍邱县三流乡六一小学六名学生进行捐资助学，2019年代表集团对口云南省耿马傣族佤族自治县色树坝村进行结对帮扶。方传宏也因此获得“第三届精神文明十佳人物”称号和“在沪创业成就奖”。

在改革开放大潮中，方传宏尽心尽力，勇于担当和奉献，真正承担起一名共产党员应担负的责任。方氏集团的车轮越走越稳，路子越走越宽。

# 我的未来不是梦

## ——记上海徽宇电子科技有限公司董事长　方　龙

当梦想与家人的憧憬背道而驰，当理想与现实的差距加大，当自己站在人生的十字路口，这些情形在方龙的人生里都出现过。那么，他又是如何选择的呢？

2001年，方龙考入了大学。大学是很多青年人向往的学习殿堂，读书、毕业、就业，似乎已成为方龙已经规划好的人生之路。然而次年秋天，《世界名人传》让他邂逅了比尔·盖茨，这个引导无数青年人开启创业之路的榜样人物也引导方龙打开了梦想之门。

"比尔·盖茨的传记让我很受启发，我觉得年轻人一定要有梦想。2002年10月1日，我从家里拿了生活费，就孤身来到上海。"

方龙家住霍邱县孟集镇，家人对他的学业寄予厚望。而方龙心中的梦想，却在不断地催促他去追寻梦想。他向家人隐瞒，独自一人来到上海，希望靠双手、靠智慧，闯出自己的一片天地。可来到上海后他才发现，理想有多丰满，现实就有多骨感。

“我当时觉得像我这样有梦想的人，到上海肯定能找到一份很好的工作。即使一时找不到好工作，我的努力也能慢慢被人发现。可事情并非想象得那么简单。一个多月的时间里，我到处碰壁，最后还是在老乡的介绍下，才找到一份电子厂的工作。”方龙感慨地说。

直到找到工作以后，方龙才把事情告诉父亲。虽然父亲坚决反对方龙的做法，但这也改变不了方龙的选择。从学生到工人，这样的身份转变让他面临了来自家庭和社会的双重压力，而方龙也只能破釜沉舟，背水一战。他坚信自己的选择，认为勇敢面对挑战就能获得成功。

面对残酷的现实，方龙的人生目标从生活变成了生存，但在生存中却饱含着他不甘平凡的傲气。方龙很珍惜这份电子厂的工作，但勤勤恳恳地工作了一年之后，方龙想要有所进步。他觉得销售工作最能磨炼人的意志和提升自己的能力，于是他又在卢湾区找了一份电子自动化元件销

售工作。但是没想到又遇到了新的难题。

“当时我一个月的工资只有600块钱，但是在卢湾区租一套房子至少也要600块钱，我拿的工资都不够付房租。没办法，有个老乡在张江高科技园区的一个工地工作，我只能借住到工地上，早晨提前两个半小时起床去上班。”

凭着勤奋与努力，凭着对产品的熟悉与诚信经营，方龙在气动产品销售界如鱼得水。2008年，方龙每月的工资已接近两万元，但是他并没有停止前进的脚步。他开始自立门户，开启了创业之路。

“我的工作是销售，销售气动螺丝刀、气动剪刀，然而我发现气动铆接工具有很大的市场，但这个市场现在几乎是空白的。于是我就放弃了原来的工作，去做气动铆接产品销售。”方龙介绍说。

看到商机的方龙，在2008年注册成立了上海徽宇电子技术有限公司，公司主要经销国外各种电动工具和电动装配系统，如电动螺丝刀、超级螺栓等。因此类产品较为冷门，一开始业务量并不大，这让方龙处境十分尴尬。

“我去过中国建设银行、中国农业银行、中国银行，他们都觉得我公司的业务小，不给我开户，最后经朋友介绍在交通银行开了户。可是有一次我去打印流水清单，银行却不给我打印，原因是我们公司一个月的流水不满25笔。这对于我的自尊心来说是一种伤害，我下定决心，给自己定下每天完成25笔订单的目标。”方龙坚定地说。

经过几年的努力,徽宇公司将电子商务与实体经营相结合,业务范围覆盖全国大部分省市。公司与西门子、奇瑞汽车、奥迪斯电梯等多家国内外知名企业建立良好的业务往来关系。与此同时,方龙又注册成立了主要从事进出口商品贸易的上海贞观贸易有限公司。经过十多年的打拼,方龙的事业已进入快速健康发展的轨道。

从一个打工仔到企业老总,方龙走过了一条不寻常的路。他感慨地说:"我没有读完大学,这对我父母来说是一种遗憾。但是我不后悔,既然选择了这条路,我就要坚定地走下去。"

# 几度空间写青春

## ——记上海姜开国际空间设计有限公司董事长　王琼

青春是一首优美的诗，青春是一团燃烧的火。10多年前，王琼正值青春妙龄。一无所有的她，靠着一腔热情，走进上海这座陌生的城市。她一路颠簸，一路积累，一路成长。

王琼家住霍邱县临淮岗乡大兴村，2000年她以优异的成绩考取了合肥工业大学工民建专业（原六安工校）。

理想与现实总会有一定的距离。王琼毕业接触过实际工作之后，感觉建筑行业并不适合自己。

“这份工作确实不适合女生。每次去工地都必须头戴大钢帽，乘电梯直接上高处，感觉心直往下落。”王琼深有感触地说。

王琼决定去追寻自己曾经的梦想——做一名设计师，在毕业后不久她便只身来到上海。

王琼到处投简历，参加各类招聘会，希望找到一份合适的工作，然而数百份简历投出去如石沉大海，杳无音信。

租的房到期了，生活费也花完了，王琼再也按捺不住了。她找到一家心仪的设计公司，鼓足勇气，主动上门应聘。

“你一定要在收到公司的招聘书后再来应聘，这样直接上门应聘我们不接受。”人事主管冷冰冰的一句话将王琼拒之门外。

面对如此冷遇，王琼心都凉了，但她并不气馁。从早晨九点到晚上六点，她一直守在公司门前，没有离开过半步，想要公司给她一次面试的机会。王琼苦苦哀求道：“你让我试试吧，我可以不要薪水，如果觉得不合适您再把我辞掉。”也许是被王琼的真诚和锲而不舍的精神所打动，人事主管最终答应破格录用王琼。

从端茶倒水开始，王琼认真地工作和学习着，甚至连周末都不休息。她从零开始学习，她知道，要想成为一名优秀的设计师，她还有很长的路要走。

一天，公司主管交给王琼一个设计项目，要求她在3天内拿出方案。这对王琼来说既是一次机遇，又是一次考验。平时自己都是跟在别人后面打杂，这次单独执行任务，她觉得自己既兴奋又责任重大。

“我激动得三天三夜都没有睡觉，最后拿出了3个方案供主管参考。主管看后觉得非常满意。”她兴奋地说。

第一次圆满完成任务，王琼心里很高兴。认真负责的工作态度和勤奋好学的吃苦精神，使她顺利跨入了设计师行列，朝着自己的梦想和追求迈出了第一步。

2年后，王琼进入了一家知名的设计公司。凭着自己的拼劲和熟练的业务技能，王琼很快成为公司的骨干。高峰时期，她每个月完成15个工程项目的设计，个人完成了全公司七成以上的成交额，成

为公司的标杆。

正当王琼事业风生水起的时候，她突然辞去了这份工作。这让周围的人感到十分诧异：她要做什么呢？

“我是姥姥、姥爷带大的，小时候姥姥经常对我说，让我长大后当老板。”老人的话一直搁在王琼心里。王琼觉得有了在两个公司工作的经验，创业的时机已经成熟。她想开一家汉堡店，可是自己对汉堡店的经营管理一窍不通，该怎么办呢？于是她应聘到一家连锁汉堡店打工，从学徒开始做起，每天工作十几个小时。

两个月下来，王琼将汉堡店产品的原料、配方、制作，店铺管理、财务等摸得一清二楚，随后她在上海人民广场附近开了一家自己的汉堡店。在她的用心打理以及团队的共同努力下，汉堡店生意十分红火。可是天有不测风云，汉堡店开张一年，正值业务量逐渐增多的时候，王琼遭遇了车祸，住院一个多月。当她康复回来时，汉堡店已是门庭冷清，生意每况愈下。而正当她准备重整旗鼓时，突然家里传来噩耗，母亲突发脑出血住进医院，王琼连夜赶回千里之外的老家。在一个多月的时间里，她守候在母亲身边寸步不离，直到母亲撒手离世。

亲人走了，苦心经营的汉堡店也无力回天。王琼欲哭无泪，精神几乎崩溃。

然而挫折和痛苦最终没有打败这位心怀梦想的女子，反而使她认清了自己的发展方向。2008年，王琼开始了第二次创业，她注册成立了上海筑登建筑设计有限公司、上海姜开国际空间设计有限公司。公司制定了以城市规划建筑设计为主体，以公共空间、娱乐场所设计为基本项目，以星级酒店、高档会所、酒吧、浴场、办公等空间设计及建筑装饰工程为主的企业经营方向。经过几年不懈的拼搏，公司的设计作品和项目已遍布江浙沪，同时在宁波、杭州、南通、徐州、淮安等地均有标杆项目和获奖设计作品，如上海文峰广场、上海拉菲酒店、象山影视基地等。

目前，王琼已拥有上海军众科技发展有限公司、上海嶷博建筑工程有限公司等4家企业组成的集团公司，在地产开发投资和资产管理领域也有涉足，打造出一条全新的发展路线。

# 但愿苍生俱饱暖

## ——记合肥市丰宝农业科技服务有限公司董事长　王占保

俗话说“国以农为本，农以种为先”。合肥市丰宝农业科技服务有限公司董事长王占保，多年来与种子打交道，把优质的农作物种子推向了市场。经过十多年的发展，他创办的合肥市丰宝农业科技有限公司已成为集种子繁育和推广于一体的省级农业产业化龙头企业，拥有水稻种子、油菜种子和棉花种子生产示范基地，带领农民共同走上致富之路。

王占保出生于霍邱县白莲乡的一个农民家庭，贫寒的家境在他幼小的心里留下了痛苦的记忆。多年以后，他仍然忘不了其中的一幕。有一年冬天，外面下着大雪，母亲给他做了一双新布鞋。王占保舍不得穿，他把鞋子脱下带在身上，光着脚走了十几里路到学校上学，脚上沾满泥雪，被划破的地方血迹斑斑。老师发现王占保受伤的脚后问道：“为什么不穿鞋？”他说：“鞋子湿了就没鞋穿了。”

像这样的事还有很多，因此王占保从小就有个梦想：但愿有一天所有的人都不再饿肚子，不愁没衣服穿。

初中毕业后，家里再也没能力供王占保继续读书。为了减轻家庭负担，王占保便踏上了打工之路。他几经周折来到合肥，应聘到省农业科学院的一家种子公司做销售工作。

在省农科院，王占保紧紧抓住了工作的机会，努力学习农作物繁育、生产、经营等各方面知识。

“因为农业科学院是我们省农业科技研究的最高学府，在这里工作的几年时间里，我确实学到了不少东西。”王占保说。

在工作中，王占保认识到传统农业的落后之处。他发现科研机构有很多新技术、新品种难以顺利推广，而传统农业又迫切需要这些新技术、新品种来改变传统农业落后的一面。王占保感慨道：“我们的水稻产量低的原因是好品种得不到推广，好技术得不到推广，理论与实践相脱离。”

王占保在农业科学院一干就是10年，不仅学到了不少实践经验，而且通过进修拿到了省农业管理干部学院的大专文凭，提高了自己的理论水平。不甘平庸的他更加渴望能够在农业技术领域有更大的发展。

2000年，随着《中华人民共和国种子法》的颁布实施，种子经营市场被激活，合肥市丰宝农业科技服务有限公司应运而生。

创业是一种自我挑战，也是对个人能力的一种检验。刚开始创业时，王占保面临着诸多难题，没有产品、缺少技术、没有资金，唯一拥有的是他不变的信念。

创业之初，丰宝公司主要从事种子品牌代理推广。王占保每天都要走数十里路走村串户，建基地、推良种，开展农业科技服务。随着农技服务项目的不断扩展，王占保意识到，农村拥有广阔的市场，蕴含着巨大的市场潜力。但自己的公司毕竟只做品牌代理业务，无法控制种子供货源头，不能保证种子的品质。因此他决定建立自己的制种基地，打造自己的种子品牌。

然而开发自己的种子品牌并非易事，这不仅需要强有力的技术保障，而且种子新品种的开发受地理环境、气候变化的影响，往往存在着一定的风险。2009年，他培育的水稻种子就因天气原因造成减产，王占保赔偿了农户，损失了100多万元。

有了这次失败的经历，王占保在制种研发过程中更加谨慎，更加精益求精。公司成立了农作物育种研发中心，先后与广东华南农业大学、上海市农业生物基因中心、安徽省农业科学院、浙江省农业科学院、河北省农业科学院、安徽荃银高科种业股份有限公司等多家科研技术院校及知名种子企业合作；自主选育了两系杂交水稻不育系“F3006S”“丰宝S”，与华南农业大学合作培育三系杂交水稻不育系“华珍A”等先进的水稻不育系。自主选育的两系杂交水稻“宝两优6号”、节水抗旱稻“宝旱1号”等，均通过了安徽作物品种审定。与此同时，公司自主选育的芝麻、绿豆、西瓜等多个作物品种，也均通过了非主要农作物登记认证。

历经十多年的艰苦创业，合肥市丰宝农业科技服务有限公司已经拥有自己的种子品牌近20个，金皖丰宝牌商标被评为省、市著名商标；公司被评为安徽省农业产业化龙头企业，连续十多年被评为安徽省诚信种子企业；同时公司多个种子品种被评为安徽省农作物优良品种，年销售额达8000万元。王占保自己也先后获得合肥市第四届“十大杰出农村创业致富带头人”、中国民主同盟会“安徽省优秀盟员”荣誉称号，获得“张海银种业基金会促进奖”三等奖等奖项。

不忘初心，方得始终。2008年，创业初成的王占保终于圆了自己的农业致富梦。他在肥西县铭传乡的鸽子笼村流转了500亩土地，建立丰宝杂粮专业合作社。这不仅有助于提高农户的收入，而且增加了就业，实现了互惠共赢。2017年，他又流转了贫困村——铭传乡楼塘村、杨店村的1000多亩地，兴建了安徽丰宝扶贫产业园（刘铭传田园综合体）。村民通过土地流转、劳务输出等方式实现每年增收2万到5万元；村集体通过资金入股、参与分红等方式实现每年增收5万到20万元；产业园同时还带动周边发展绿色有机种植业近万亩。

# 小卖部里有商机

## ——记上海睿美包装材料有限公司董事长　王仁松

和普通打工者一样，王仁松少小离家，外出打工，当过饭店服务员，做过洗车工。后来他从小卖部经营中发现了商机，成立了商贸公司再到成立餐具消毒和包装材料公司，在创业的道路上一步一个脚印地往前走。

王仁松家住霍邱县邵岗乡。1996年，初中尚未毕业的他，怀着美好的憧憬来到上海。那年他才17岁，只能到酒店当服务员赚钱糊口。三年下来王仁松东奔西走换了好几份工作，却始终没有稳定的安身之处。1999年，王仁松凑了几万元，在嘉定区开了一家小卖部，主要经营烟酒百货。店面不大，但生意不错，时常还会吸引供货商前来推销产品。王仁松渐渐发觉酒水代理是一个不错的业务。

王仁松一边经营小卖部，一边送货。虽然工作很辛苦，但王仁松把里里外外打理得井井有条。他感慨道："每一分钱都是用自己的汗水换来的，很开心，也很有干劲。"

酒水代理给王仁松商业销售带来了更大的发展空间。从零售到批发再到配送，王仁松的生意不仅营业额不断攀升，而且销售范围也越来越大。于是他成立了贸易公司，专门从事批发和配送业务。虽然自己的业务在不断发展壮大，但王仁松并没有满足于现状，他在思考着如何把企业推向更大的市场。在一次企业年会上，一位员工提出了“东方不亮西方亮”的观点，让他有了更多的想法。

王仁松解释道：“这位员工的意思是企业可以多方面发展，即使某项产业发展受限，但还有其他产业可作补充。这个观点与我当时的想法相吻合。”

2007年，王仁松投资80万元创办了上海创洁餐具消毒有限公司。他原以为自己整天和酒店打交道，与周边各大酒店均有业务往来，推广使用消毒餐具自然是水到渠成的事。可是事与愿违，很多酒店并不愿意使用消毒餐具。王仁松便带领自己的团队从零开始，开发市场，不断探寻开发市场的新路子。

“我记得当时嘉定区有个比较大的饭店，我们去了六七次，生意都没谈成。为了和饭店合作，我们决定免费给饭店提供消毒餐具，最终谈成了这笔生意。”王仁松回忆说。

洁具消毒业务从市场开发到成熟，王仁松可谓是颇费心力。短短两年内，公司的洁具销售量从每天十几套增长到每天七八万套，公司的餐具消毒市场有了很大的突破。然而新的问题也随之而来，一时间嘉定区一带涌现出多家洁具消毒公司。面对突如其来的市场竞争，王仁松并没有退缩，他从规范市场秩序入手，大刀阔斧地进行资源整合。他采取合作参股、并购等多种形式，将周边近十家洁具消毒公司收于旗下，并购买自动化生产工具，提供生产配送一条龙服务，使企业走向健康发展的正轨。

对于心中有梦想的王仁松来说，企业的成熟与发展并没有让他安于现状。在公司经营过程中，他发觉塑料包装薄膜的市场前景不错，于是于2010年投资400多万元成立了上海睿美包装材料有限公司，主要生产高新产品pof热收缩膜。该产品广泛应用于食品、医疗、保健品、文具、化妆品、工艺品、书刊、电器配件和玩具等各类产品包装。

“我在投资这个项目时，遇到了很多意想不到的难题，涉及技术、设备和相关技术人员。虽然我对这个行业一点也不懂，但是我就认一个理，别人能干的事情我也能干。”王仁松胸有成竹地说。

王仁松不断地总结经验，从提高技术和降低成本上下功夫，组建自己的研发团队，大胆引进技术人才，积极学习同行业生产和管理经验，扎扎实实、一点一滴地做好每一项工作。

经过10年的努力，王仁松公司的产品不仅在国内占有一席之地，而

且还出口到美国、俄罗斯、日本等近百个国家。王仁松每年都要走访十多个国家参与参会布展、业务洽谈和市场布局。随着市场的不断拓展，2017年王仁松投资5000万元，在江苏太仓又创办了一家公司——睿欧启富（苏州）包装材料有限公司。2018年，王仁松与家乡招商部门成功对接，不久后睿美公司投资项目将在霍邱现代产业园落地。

# 筑梦高铁站

## ——记龙庄润集团有限公司董事长　冯　星

机遇来源于对新事物的认知，然而新事物的出现必定会有很多人不知道、不了解甚至对其产生误解，但是也有少数人愿意接受并勇敢地尝试新事物。十年前，我国高铁事业刚刚兴起，当许多人还在观望的时候，冯星就已经盯上了高铁站商机。

冯星家住霍邱县宋店乡，18岁离开家乡来到江浙一带打工，做过服务员，做过酒店经理，开过酒店，也卖过闻名遐迩的嘉兴粽子。经过几年的努力，他成长为杭州嘉兴一带小有名气的职业经理人。

2009年，冯星在参加浙江大学总裁班学习时，无意中听到专家对高铁

的介绍。冯星在粽子经营中，经常与火车站、高速服务区的商铺打交道，知道火车站和高速服务区的商铺几乎是一铺难求。而高铁刚刚起步，没人了解高铁站商业的实际情况，但是冯星已经意识到，高铁站商业对自己来说一定是一个新的发展机遇。

当冯星将高铁站商业计划提到公司议事日程上时，同事们对这一新生事物认识不一，有的人认为高铁站建在远离市区的荒郊野岭，没有人气；有的人认为高铁站旅客来去匆匆，难以形成商业氛围，投资高铁站商业风险很大。可是冯星并不这么看，他说："机遇和风险并存，既然是机遇，也一定有风险，不去尝试我们将永远不能获得新的发展。"

2011年，冯星毅然离开了原来的公司，成立了浙江龙庄润实业有限公司，全力投入高铁站商业开发中。随着京沪高铁线的开通，冯星拿到了天津南站、沧州西站等高铁站的商业项目。

就这样随着高铁事业的快速发展，龙庄润实业有限公司从第一家便利店开始，将业务范围逐渐扩展至全国各大高铁站、客运中心、高速服务区以及嘉兴市内。公司始终坚持以"高标准、高起点、高品质"为目标，以服务社会为己任，秉承“正宗、精致、便捷、特色”的规划理念，诚信经营，以满足消费者的需求。

伴随着高铁的脚步，龙庄润实业有限公司正以高铁般的速度快速发展。经过几年的努力，目前龙庄润集团有限公司集超市连锁、城市商贸综合体、食品加工、餐饮服务于一体，走上了多元化、集团化的发展道路。在纵横全国的高铁运营线上，冠之以“品味江南”“城际之星”“万年城”“咖功坊”“润江南”“浙一鸭”等品牌的便利店、特产店、咖啡店、零食驿站、书店、玉石店、工艺品店、卤味店，如雨后春笋般出现在全国各地。通过公开、公平竞标，龙庄润集团有限公司相继在哈大高铁全线、京沪高铁沿线、沪宁城际铁路沿线、京津城际铁路沿线、宁杭甬高铁沿线、津秦高铁沿线、合武铁路、向莆铁路、合福客运专线、吉图珲客运专线、沈丹客运专线等各大线路的枢纽站内，相继开设了集团的连锁商业品牌店。

敢于超越、勇于创新。集团公司不断扩大产业链，以高铁商业为切入点，陆续开拓全国各地的医疗机构、高等院校等市场领域。龙庄润集团依托强大的品牌优势和区域交通地理优势，先后与国内外众多快消品行业巨头合作，借助各大企业的营销网络，完善商品配送链，把好商品质量关，保证优质的商品能够第一时间上架销售。同时公司积极配合工商管理部门，严格执行百城万店无假货计划，维护公司形象，营造良好的商业氛围。龙庄润集团有限公司立足嘉兴，创新发展江南特色美食，自创品牌宴功夫馄饨连锁店遍布城区，月河历史街区的禾城小厨娘酒店，传承了具有水乡特色的餐饮文化。2018年，龙庄润集团有限公司全资收购浙江宏达食品股份有限公司，又迎来了新的发展机遇。它致力于将宏达烧鸡系列产品打造成长三角知名畅销产品，进一步将公司做大、做优、做强，从而建立从生产到销售一体化的产业链，为集团多元化发展打下坚实的基础。

2018年11月，龙庄润集团有限公司再传捷报。公司通过竞标获得东北三省127个高铁站、火车站所有商业十年经营权，将以雄厚的实力、崭新的姿态，筑梦高铁站，唱响大东北。

龙行四海，润泽八方。随着企业的发展壮大，冯星先后当选为霍邱县政协委员、嘉兴市南湖区人大代表。同时，冯星也没有忘记社会责任。2018年1月，公司成立了龙庄润慈善基金会，近年来总计向社会捐赠300多万元，用于帮困扶贫、学校建设和家乡建设等。在冯星的带领下，龙庄润集团有限公司正向着远大的目标继续前行。

# 放飞的“游侠”

## ——记江苏游侠客旅行社有限公司董事长　冯传慧

当生活为你关上一扇门的同时，也会为你打开一扇窗。冯传慧在一次意外中受伤，这意味着她将要失去干了四年的工作，她该怎么办呢？

2006年一个平静的深夜里，星星稀疏地挂在天上。在常州第三毛纺织厂里，冯传慧和往常一样上着夜班。然而令人没想到的是就在她熟悉的车床上，发生了意外。她的左手被机器轧断，鲜血顿时喷涌而出。好在送医及时，冯传慧的这只手最终保住了。

在接下来的恢复期里，冯传慧只能靠钢板固定住这只手。这期间她在做着下一步的打算，虽然这份纺织操作工工作对于只有初中文化的冯传慧来说，虽不是最好的，但已是不错的选择，冯传慧现在想找到理想的工作可谓十分困难。

“我在受伤休整的那段时间里，不断地在学习，参加了成人自学考试，考取了常州大学的一个大专班，在那里读了两年书。通过学习，我的知识面有所拓展，专业水平有了相应的提高。”冯传慧介绍说。

这场意外反而成为冯传慧人生的转折点。这位来自霍邱县冯瓴乡的农家女孩，曾经在纺织厂里日复一日地从事着手工劳动。但是经过两年系统的学习，她拥有了更加辽阔的天空，毕业后冯传慧通过应聘进入了中国联通常州分公司工作工作。

“我在联通公司工作的那段时间里，会遇见各行各业的人。一次偶然的机会，我了解到一位朋友从事旅游管理工作。当时我对旅游没有什么概念，但听完他的叙述后，慢慢地对旅游行业产生了浓厚的兴趣。”冯传慧说。

其实冯传慧心里早就藏着创业的梦想，只不过自己不知该从哪里起航，也没有明确的发展方向。当她了解了旅游行业之后，“不安分”的心开始萌动。

“我觉得自己年纪轻轻的，不能只是简简单单地上着班，那样虚度年华不是我想要的。”冯传慧深情地说。

于是，冯传慧开始了创业之路。一无所有的她凭着一腔创业热情与不服输的韧劲，和朋友一起成立了常州天涯国际旅行社有限公司。

“公司在成立之初，只有我一个员工，所有的活都是我一个人干的。一张办公桌我一个人从楼下搬进电梯，然后再挪到办公室，累得直想哭，深深体会到创业之路的艰辛。”冯传慧感慨道。

创业的艰辛远不止这些。每一位顾客的接待，每一条线路的设计，每一笔业务的洽谈，每一次服务的跟踪，冯传慧都要亲力亲为。万事俱备，东风便轻拂而来。在朋友的介绍下，冯传慧接到了第一笔业务，顾客是湖塘镇的一位阿姨，她准备去北京旅游。

“那时候就觉得很兴奋，终于有业务了。记得那天晚上六七点的时候，我收到一条客户发来的询问信息，于是我就一边推着电动车，一边打业务电话。我从客户的角度出发，给她规划游览路线，安排好吃、住、行等，各个环节都安排得井井有条。这位阿姨被我的耐心和细心所打动，于是决定让我给她提供服务。接着我成功组织了去北京的旅行团。”冯传慧回忆道。

冯传慧的第一次服务就得到游客的肯定，她一次次的努力也收到了应有的回报。从北京的第一条旅游线路开通，到广西、海南、西藏、青海等数条旅游线路的稳定运营，旅行社靠诚信的态度与优质的服务赢得了顾客的信赖。

然而在市场经济飞速发展的今天，旅游行业竞争越来越大，顾客对旅游产品品质的要求也越来越高。

“2013年，我们就开始自己设计线路，开发一些特色旅游线路，如户外游、自驾游、摄影游，广西专线、西北专线等。目前，广西专线、西北专线、自驾游产品在常州旅游市场比较受欢迎。”她说。

冯传慧在2017年独资成立了江苏游侠客旅行社（以下简称“游侠客”），针对不同消费者自主设计特色旅行线路，走差异化发展道路，更加关注用户需求与体验。几年来，“游侠客”不仅推出了多条国内旅游产品，还开辟了境外旅游、特色旅游等多个旅游项目。在常州100多家旅行社中，游侠客旅行社始终坚持自己的特色，每年接待游客几十万人次，最终成为一家颇具特色的旅行公司。

冯传慧自豪地说：“虽然付出很多，但是只要自己肯努力，一定会收获属于自己的一片天地。”

# “包子哥”

## ——记深圳市快乐园餐饮管理有限公司总经理　史训全

在餐饮行业竞争日益激烈的今天，如果不是亲眼所见，人们很难想象深圳快乐园餐饮管理有限公司的生意竟如此火爆。

“每到吃饭的时间，餐厅里座无虚席，两条配餐线上顾客排的队长一二百米，即使等上二三十分钟才能吃上饭，消费者也愿意。他们认为来这里吃饭等再长的时间也是值得的。”史训全介绍说。

史训全，深圳市快乐园餐饮管理有限公司总经理。刚到深圳时，他在一家包子店帮别人做包子，这一做就是二十多年，老乡们都亲切地叫他“包子哥”。

史训全家住霍邱县众兴集镇马林村。由于家庭贫困，史训全初中没毕业就辍学了。史训全种过田、进过厂、当过电工，在当地算得上是能人。

1993年，他花了六万多元积蓄，在老家买了门面房打算创业。可是第一次做生意就失败了，还欠下两万多元的债务。在这种情况下，他决定南下去深圳打工。

刚到深圳时，史训全找不到合适的工作，他就到弟弟的店里帮忙做包子。几年下来他积累了一定的经验，并承包了一家包子店，当起了小老板。在卖包子的同时，他又给店里增加了快餐业务，起早贪黑越干越有劲。

史训全回忆说：“那时候每天从早忙到晚，几乎没时间睡觉。早上四五点钟起床做早餐，六点出去买菜，中午还要做快餐。店员都下班了，自己还要在店里做事情，烧肉、做酥鱼、炸丸子……准备第二天的食材，直到深夜。”

辛勤的劳作换来了收获的喜悦，包子店生意越来越红火，几年间史训全开了十余家包子连锁店。但随着人们生活水平的提高，快餐业面临着严峻的挑战。消费者吃快餐不仅是为了填饱肚子，还看重就餐环境和膳食营养。史训全经营十几年的包子店因此受到了极大的市场冲击。

市场是无情的，红火一时的包子店遭到冷遇，生意日渐惨淡。如何改

变经营模式、提高市场竞争力是摆在史训全和同事们面前的一个巨大的挑战。为了扩大经营范围、改变业务结构，他们学习台湾中式快餐经营模式，投资西餐厅，加盟咖啡店，学习先进的管理经验，不断提高自己的业务能力，增强抗风险能力。之后，史训全于2008年9月注册了自己的餐饮公司——深圳市快乐园餐饮管理有限公司。

公司取名“快乐园”，意指快乐工作，快乐学习，快乐生活，专注进取，超越自己。从2008年至今，快乐园餐饮管理有限公司锲而不舍、步步进取，开设直营门店40余家，承包企事业单位食堂近20家，拥有员工1600多人。

快乐园餐饮管理有限公司是一家中式餐饮连锁企业，主要经营自选餐，配有专业的菜品售卖流水线，每餐提供48款菜品供顾客选择。公司菜品主要以湘、川菜系为主，结合潮州卤水和凉菜，现炒现卖满足顾客口味多样化需求。在高效稳健的发展中，“快乐园”逐渐成长为具有强大经济实力的中西餐结合的实体餐饮公司，年营业额累计2亿多元。公司着力为商务办公区的白领提供“安心、贴心、放心”的餐饮服务和优质的用餐环境，每天服务顾客10多万人次，是当前深圳餐饮业的一张名片。

完善的资本结构、独立的供应链、突出的跨区域经营能力，使快乐园成为深圳领先的专业餐饮服务企业。公司与深圳市兆驰股份有限公司、康佳集团、普联科技、航盛电子等公司达成合作，获得了肯定与信任。快乐园餐饮在城市锐意前行的道路上，敏锐地解读了人们生活的需求与价值所在。立足深圳，持续将专业与文化高度融合，关注与服务于都市人的生活细节，打造出一个个备受赞誉的餐饮品牌。“快乐园”始终秉持“方便、快捷、卫生、健康”的经营理念和“以人为本、以食为天、质量第一、规范经营”的核心价值观，实行“全员与全程成本控制”的精细化管理，以责任为根基，以创新为动力，使企业稳步健康发展。公司深入践行人本理念，打造专业核心团队，让和谐、团结、合作的企业精神发扬光大。

# 想家的时候

## ——记江苏启安建设集团有限公司合伙人　朱克勇

家是温馨的港湾，家是永远的牵挂。当你背起行囊、远走他乡的时候，也许才能知道家的意义。15年前，朱克勇放弃家里的产业外出打工，离开家时的情景现在依然历历在目。

“我离开家的时候，和我关系不错的几个朋友都哭了，我父母也泣不成声。在外面打工的时候，无论是老家来人还是见到老乡，我都会情不自禁地哭上一阵子。”朱克勇动情地说。

朱克勇家住霍邱县白莲乡井庄村，毕业后他一直在家务农。经过10年的打拼，他最终成为当地有名的致富能手。朱克勇拥有1个面积200亩的鱼塘和8个精养鱼池、1个精米加工厂，他还是村里的农电工，一年收入少说也有好几万元。虽然日子过得顺风顺水，但随着打工潮的兴起，朱克

勇也坐不住了,想去看看外面精彩的世界。

朱克勇说:“家里的事情都交给我爱人做,我一个人在外面如果干得好,就全家一起出来打工;如果干得不好,我就回家继续养鱼。”

朱克勇这一举动让身边的人感到诧异,有人说他不务正业,抛弃十年汗水换来的果实,偏偏选择外出打工;也有人断言,用不了多长时间他肯定会再回来。但朱克勇自己并不这么认为,他想尝试一下打工,认为自己说不定能闯出一片新天地。于是他将家里的事情安排好,开着养鱼用的三轮车来到南京。

来到南京后,朱克勇一切须从零做起。他整天开着三轮车在经济开发

区一带转悠，然而三个月下来，什么活也没找到。朱克勇不仅没挣到钱，而且随身带的一万元钱就快要花完了。他的心里就像打翻了五味瓶，很不是滋味。朱克勇觉得这样下去不是办法，便准备打道回府，回老家重操旧业。就在这时，一家工厂的领导找到他，要求他连夜清理厂里的工业废料，为迎接检查做好准备。

“厂里要求我必须连夜将垃圾废料清理掉，所有的废铁废铝都不要，让我拉走，也不给我运费和工钱。”朱克勇回忆道。

朱克勇找了二三十人帮忙，一夜之间清理掉所有废品，并把厂区打扫得干干净净。卖废品得的钱除了发工资之外还赚了一万多元。这意外的收获让朱克勇窃喜，也让他有信心继续留在南京闯荡。可是没想到接下来，他又陷入了无事可做的尴尬境地。

朱克勇说：“还没到两个月，这一万多元钱又快要花完了，我又准备回家。我想这一次回家后我就再也不出来打工了。等我再次准备回家时，厂里又一次喊我去清理废品。这次我又赚了好几万元，心里很开心，觉得还是留在外面好，能遇到赚钱的好机会。”

这一年，朱克勇不辞辛苦，起早贪黑地工作，最终他的辛勤付出也没有白费。经过一年的摸索，朱克勇意识到清理收购工业废料是一条生财之道。接下来，他跑遍了开发区的工厂，干一些小活，如挖下水道、电缆槽之类的土建工程。虽然赚不到大钱，但日子还过得去。尽管如此，这样的生活也不稳定，朱克勇常常是“吃了上顿没下顿”，甚至很长时间内都没活干。有一天一位朋友找到他说：“卖废品赚不到多少钱，你还是注册一家公司去工厂里做安装。”朱克勇说：“我什么都不懂，做什么安装。”朋友说：“你不是能找到工人嘛。”朱克勇说：“工人我能找到，但技术人员我找不到。”朋友说：“没事，我可以帮你找。”

就这样在朋友的帮助下，朱克勇于2010年与江苏启安建设集团有限公司签约，成为启安建设集团合作伙伴。启安建设是一家集科研、设计、施工为一体的多元化经营的大型建筑企业，拥有机电建筑、石油化工、市政照明、消防电力和电子智能化工程总承包一级资质。朱克勇借助于启安建设集团的强大实力，在南京开发区持续发力，先后承接了工厂建设及机电安装项目数百个。朱克勇的公司秉承科技领先、绿色施工、文明安全的经营理念，认真做好每一项工程，努力让顾户满意。十年来，朱克勇抓住每一个发展的机会，努力让公司走上稳定持续发展之路。

# 我的选择我的路

## ——记南方求实教育集团董事长　朱明照

求实是一种精神，求实是一种态度，而朱明照从实践中理解了求真务实的真正含义。朱明照原本是一名国家公务员，在风起云涌的改革大潮中，他毅然放弃了令人羡慕的职位，把自己推向改革开放的风口浪尖。

朱明照于1980年参加工作，曾经担任霍邱县户胡镇中学教师。1995年朱明照走上行政岗位，先后担任马店镇党政办主任、副镇长。随着改革的不断深入，国家鼓励干部到企业任职或者到发达地区创业。在这一政策精神的指引下，朱明照决定南下创业。

"二十多年过去了，自己在岗位上也没干出什么成绩。恰好遇上这个时机，我就扔掉'铁饭碗'来到了南方。"朱明照说。

朱明照当过16年的老师，分管教育工作多年，对教育教学信心十足，创办学校也是他多年的梦想。他先后考察了上海、江苏、浙江、广东等地的学校，为创业做准备。

2003年，经过周密的考察，朱明照选择了中山市东升镇作为创业地点。这里原来有一所村办小学，但由于学校位置偏僻、设施陈旧、生源不足，已停办多年。

“这里原来是永胜小学，已停办七年了，那时几乎变成了一片废墟。”朱明照回忆道。

面对这片废墟，当地教育主管部门负责人语重心长地对他说：“几年前就有人来看过，想要办学，但最后还是走了。你要想好再干。”

朱明照毫不犹豫地接过这所学校，开始“招兵买马”，修缮校舍。

“教学楼简直烂得不成样子，门窗都是烂的，连毛坯房都不如。”朱明照回忆道。

在朋友的帮助下，朱明照筹集了30多万元用于维修学校。

“我招了一二十个教职工。一大早我把菜买好，然后点燃煤炉子，熬一锅绿豆汤，又烧一锅稀饭，再买点油条、豆皮卷给他们当早饭。整修校舍这些活都由我们自己干。”朱明照回忆说。

经过两个多月的紧张施工，学校焕然一新，但是生源问题又成了摆在朱明照眼前的一道难题。

“我们走街串巷，到学生家里做工作，把招生简章拿给家长看，让他们

了解我们是实实在在地在办学。”

功夫不负有心人，开学第一天学校就招收了400多名学生。这让朱明照非常满意，也给了他足够的信心，第二学期他便全身心地投入学校的改扩建工作中。学校旁边是一座废弃的窑厂，经过磋商朱明照将其征为学校用地。他先后投资5000万元，在短短几年时间里让求实学校初具规模。

“我越来越认识到，在成就事业的过程中，人的态度非常重要，态度比能力重要。一个人能力再强，态度不端正，也做不好事情。”朱明照深有感触地说。

正是这种认真踏实、不计名利的办学态度，让求实学校迅速成长起来。在教育教学中，他们广泛吸纳先进的教学理念，抓智育促德育，通过实实在在的特色教学，促进学生全面发展。

在求实学校，素质教育不是挂在嘴上的，而是落实在行动上。学校开办了音乐、舞蹈、武术、书画和篮球等特色培训班，尽量满足每一个学生的学习需求。

“学生有千差万别，他们的需求也不同，成才的方向也不同。学习成绩好的学生是优秀的。在唱歌、跳舞、武术、篮球等方面有特长的学生，同样是优秀的。”

十多年来，求实学校面积从5亩扩大到102亩，学生从400多人增加到6000多人，教职员工从20名增加到400多名。学校教学质量得到提升，成为东升镇的拿奖大户，先后获得国家级奖项128个，省级奖项28个，市级奖项219个，镇里奖项2300多个。十多年来，朱明照不仅在求实学校办学方面获得了成功，而且创办了中山市东升求实幼儿园、惠州求实职业技术学校、江门市陈伯坛实验学校、中山市横栏镇中心幼儿园、江门市江海博雅学校和中山市雏鹰学校等八所学校，成立了南方求实教育集团。

近年来，朱明照又创造性地提出了“全人格教育”理念，先后成立了广东全人格教育科技有限公司和十全教育（深圳）科技有限公司，进行“全人格教育”课题研究，用更加科学的“全人格教育”理念来指导和实施真正的素质教育。

# 情缘如玉

## ——记上海市喜玉轩工艺美术品创始人　朱同兵

儿时的记忆就像一粒希望的种子，终有一天会在心中生根发芽。小时候，外公送给朱同兵一块玉石，他爱不释手，整天佩戴在身上。可是有一天，这块玉石不见了，于是这块玉的消失就成了他多年来难以解开的心结。

朱同兵一直将这段玉石情缘埋藏在心里，再也没有提起过。随着长大成人，他考虑得更多的还是生计问题。朱同兵的老家在霍邱县石店镇南圩村，高中毕业后他便来到合肥一家服装公司做销售。1998年，他又来到上海，在参加欧迪芬集团应聘时，胸有成竹地提出了个人求职申请。

朱同兵说："我可以从基层做起，但是我的定位是成为一名经理。"

这一请求让面试官为之一震，面试官向他投去怀疑的目光："你为什么觉得你能做经理？"

朱同兵回答道："凭我的工作经验，我觉得我具备这个能力。"

面试官说："我给你这个机会，我看中了你的这种自信。"

正是这种自信，给了朱同兵一个展示自我的机会。他被公司安排到广州去开拓南方市场。在此之前，公司虽然花了很大精力去开拓广州市场,但是市场销售依然为零。这对朱同兵来说是一个严峻的考验。

朱同兵发挥自己的聪明才智,不厌其烦地走访客户,深入细致地调查市场,有的放矢地进行市场推广。朱同兵仅仅用了一个月,就让欧迪芬的产品在广州市场登陆,这让公司上下都对他刮目相看。不久,他带着成功的喜悦回到上海,升职成为西南片区销售经理。后来他再一次带着公司的重托,走马上任来到成都。他带领业务人员风里来雨里去,积极联络客户,并请来当地有名的模特公司,在成都银河王朝大酒店举办了一场模特走秀活动。活动现场非常火爆,许多代理商被产品所吸引,现场签约率就达到了80%。

随着南方市场和西南市场的有效开发,朱同兵不仅成为公司的销售冠军,而且在上海业内名声大噪,成了抢手的销售人才。

不久,朱同兵被日播集团聘为西部分公司经理。这一分公司设在新疆乌鲁木齐市,朱同兵负责整个西部地区的销售工作。他带领团队摸爬滚

打，使分公司蒸蒸日上。然而在和田玉的故乡，他埋藏心底多年的玉石情结终被唤起。闲暇之余朱同兵总会到玉石市场转悠，有时借工作之便，也会到和田一带寻觅心爱的玉石。几年下来，在和田玉籽料的源头和田，在玉龙河畔喀什，均留下了朱同兵的足迹。虽然他收获了许多自己喜爱的美玉，但也几乎将每年十多万元的工资全部搭了进去。

世事两难全。朱同兵这一“不务正业”的做法遭到家人的强烈反对，当个人喜好与家庭生活产生矛盾时，他将做何选择呢？

为了处理这一矛盾，朱同兵打算放弃收藏玉石的爱好，好好工作。于是他便将手上的宝贝带回上海，尝试着对外销售。没想到这些货真价实的宝贝一到上海，便得到玉石爱好者的青睐。卖出玉石不仅使朱同兵收回成本，而且还使他获得了第一桶金。这让朱同兵心中窃喜，没想到玉石之缘给他带来了不一样的人生之路。

眼下摆在朱同兵面前的有两个事业选择：一是驾轻就熟的服装销售；二是选择从事内心喜爱的玉石行业。两难之间，朱同兵最终还是选择了后者。2006年，他在上海徐汇区创办了喜玉轩玉雕工作室，专门从事和田玉研究、设计和制作工作。为了扩大销售，朱同兵在上海云洲商厦开设了销售展厅，并在上海人民广场设立了和田玉展示中心。为了提高自己的雕刻艺术水平，他选择在上海美术学院进修学习，掌握了大量美术和雕刻艺术知识。

喜玉轩玉雕工作室的工艺美术品以和田玉为载体，每件作品在设计与雕刻上都力求做到惟妙惟肖、精益求精。工作室坚持诚信经营、童叟无欺、以玉会友的经营理念，为更多的玉石爱好者提供了高品质的产品，成为上海市首家承诺“保真销售”的玉石经营单位。2012年喜玉轩获得了上海宝玉石协会及上海云洲古玩城联合授予的“诚信之星”荣誉称号，2018年再次获得上海古玩经营协会及上海云洲古玩城授予的“诚信经营商户”称号。

# 一分耕耘一分收获

## ——记上海交通大学医学院附属瑞金医院胸外科主任　李鹤成

一分耕耘一分收获。李鹤成自从踏入医学界这扇大门，便与学习结下不解之缘，他在不懈努力中实现了人生价值。

李鹤成家住霍邱县新店镇。20世纪90年代初，他在霍邱第二中学读书，从来舍不得买饭菜，都是自带大米和咸菜，一吃就是一个星期。艰苦的环境让他懂得了学习的重要性，他认识到，只有努力学习才能改变自己的命运，只有努力学习才能不辜负家人和老师的期望。

在李鹤成的记忆里，他几乎把所有时间都用在了学习上，因而他的成绩也在班上名列前茅。老师和同学们总是关心他，尽量给他营造良好的学习环境。

1991年，李鹤成以优异的成绩考入了蚌埠医学院，毕业后他被分配到

蚌埠医学院附属医院当了一名医生。虽然大学五年读了很多书，但是他渐渐地感觉到自己所学的知识远远不能满足需求。

“四年的工作实践让我觉得自己的医学知识远远不够，于是我决定进一步学习深造。2000年我考上了上海复旦大学医学院博硕连读研究生。”李鹤成说道。

2004年，就在他博士研究生即将毕业之际，李鹤成遇到人生又一个转折点，学校安排他到美国学习。学有所成时，美国的导师希望他留在美国做医学研究，是去是留摆在李鹤成面前。

他说：“当时我非常迷茫，我在美国的生活、工作条件以及科研环境都很不错。后来经过不断的思想斗争，我决定回国。我觉得是祖国培养了我，我就要为祖国的医疗事业做贡献，为更多的病人解除病痛。”

李鹤成回国后，顺利地进入复旦大学肿瘤医院工作。由于工作业绩突出，通过人才引进，他进入了上海交通大学瑞金医院担任胸外科主任。

李鹤成介绍说：“作为一名医生、教授，我在做好本职工作的同时，还需要做好教学与科研工作。除了医疗工作外，我还负责教学与科研工作。我每年所带的在读博士研究生和硕士研究生有20人左右，工作任务比较繁重。”

随着国内外医学事业的快速发展，李鹤成紧跟时代潮流，积极参与国内国际学术交流和研讨，传播先进的医疗技术，推广新的医学理念，为更多的患者解除病痛。20年来，李鹤成一直从事胸部肿瘤的临床和基础科研工作，在肺癌、食管癌、纵膈肿瘤等胸腔疾病中，在以手术为主的综合治疗上取得较大成就。他尤其擅长肺癌、食管癌的微创手术，在国内较早开展全腔镜食管癌根治胸内吻合手术和胸腔镜肺段切除术，并能熟练开展胸部肿瘤的达芬奇机器人手术。从2015年5月开展机器人手术至今，李鹤成的总手术量已超过1000例，其中包括肺部肿瘤、食管肿瘤、纵膈肿瘤等手术，并发起多项机器人辅助胸部肿瘤手术的前瞻性临床试验。这一技术在国内处于领先地位，相关成果在国际胸外科权威期刊发表。

李鹤成主持国家自然科学基金3项、上海市级资助项目5项；在国内外核心期刊发表论著50余篇，主笔《瑞金胸外机器人手术学》等专著3本，参与编写肿瘤学专著5本；获国家专利2项。先后获得上海市科技进步二等奖、上海市抗癌科技奖、第十七届明治生命科学奖、中国抗癌协会科技进步三等奖等奖项；入选上海市科技启明星，荣获上海市卫生计生系

统优秀学科带头人、上海交通大学医学院研究型医师等称号。李鹤成还担任上海市医师协会胸外科医师分会副会长、中华医学会胸心血管外科学分会委员会委员、中国医师协会机器人外科医师分会常委等学术职务。同时他也是美国胸外科医师协会会员、国际肺癌研究协会会员、美国临床研究协会会员、美国癌症研究协会会员，在国内外胸外科领域享有较高的学术地位。

# 飞舞的“蒲公英”

## ——记杭州市余杭区蒲公英学校校长　李季

走出体制，她是勇敢的拓荒者；辛勤耕耘，她不是园丁却胜似园丁；创业路上，她用勤奋与意志撑起一片天空，用辛劳与汗水播种桃李。她就是杭州市余杭区蒲公英学校校长李季。

李季出生于霍邱县城关镇，1987年进入霍邱县新华书店工作，成为一名普通的国企职工，从事教材销售工作。在那个计划经济年代，教材都是按计划供应的。在销售过程中，李季发现在上海的农民工子女不仅存在上学难问题，而且买不到书，面临着无书可读的困境。于是她想出了一个两全其美的解决办法，申报修改教材计划，把教材送往上海。

李季回忆说：“建议提出来之后，我就邀请县教育部门和新华书店负责人实地进行考察。把书送到上海，既能解决农民工子女无书可读的问题，又能为单位创收。”

李季仿佛找到了事业发展的突破口，她骑着摩托车走街串巷，寻找民工子弟学校，开展送书上门服务。

“当时的民工子弟学校一般选址在一些破旧的厂房或者简易的出租屋里，很难找到。但是只要看到红旗，我就知道这里有学校。”李季回忆道。

在一道道车辙中，李季每年为新华书店创造了上千万元的效益。然而教材送到学校之后，货款却难以收回。李季每年都要自己垫付数万元的教材费用，其中有一所学校先后拖欠了八万元货款，多次催要无果后，竟直接将学校抵账给了李季。面对这所破旧的学校和四十多名天真烂漫的孩子，李季感到无所适从。

就这样，李季从一名国企职工变成了民工子弟学校的投资人。一开始，她让已经退休的母亲重新“挂帅”负责上课，然后又聘请了一位老教师管理教学，自己平时到单位上班，双休日再去处理学校事务，在上海与霍邱之间不辞辛劳地来回奔波，试图把这所风雨飘摇的学校办好。可是仅仅过了一年，这所学校就因为拆迁而被关停了。

这该怎么办呢？这不仅意味着8万元投资打了水漂，还意味着四十名学生也无学可上。2000年，李季毅然决然地辞去了新华书店的工作，全身心地投入办学。她重新找场地、换校址，利用旧厂房重新开办学校，同时

她又创办了东沟和剑山两所学校。

"我们把旧厂房改造了，重新粉刷墙面，重新整修院子，没钱请人就自己干。那时我怀孕，大着肚子带着亲戚朋友和老师一起刷墙整地。"李季满怀深情地回忆道。

虽然学校设施简陋，但李季还是最大限度地增加投入，添置教学设备，改善教学环境，提高教学水平，很快得到了学生和家长的认可。

李季说："当时不少民工子弟学校都抱着干一天算一天的心态，不敢投资建校。我想，即使干一天，我也要把学校办好，不能对不起孩子和家长。我又给学校买了15台电脑，率先设置了电教室。当时学生没见过电脑，都很好奇，都愿意来上学。两个学校第一学期就招收1000多名学生。"

李季乘势而上，先后创办了四所民工子弟学校。2005年，正当她办学事业风生水起的时候，上海市关闭了所有民工子弟学校，李季的四所学校全部被关停，这下她傻眼了。

"当时这事对我打击非常大，几乎整个人都瘫了，白天夜里都睡不着。因为忧郁过度而导致面瘫，整天嘴歪眼斜的。有人说我，身体都累垮了，还要事业干什么。我想，我为教育付出了所有心血，我舍不得放弃自己的事业，更舍不得我的学生，我不服输。"李季伤感地说。

2006年,李季重整旗鼓,创办了杭州市余杭区蒲公英学校。这所学校的前身是一所停办多年的职业技术学校,地处偏僻,交通闭塞,只有一栋教学楼,校园内外杂草丛生。李季凭着那股倔劲,将这所不起眼的民工子弟学校整修一新。2008年,蒲公英学校被余杭区教育主管部门批准为全日制民办学校。

十多年来,蒲公英学校先后投入2000多万元兴建校舍,改造教学设施,改善教学环境,提高办学质量。目前该校占地52亩,拥有九年制78个教学班,在校学生达3500多人,教职工300多人。多媒体教室、实验室、图书室、音乐室、美术室、少先队活动室等各种功能教室完备;校车、食堂、宿舍、洗浴、监控设备、教学活动及交通安全设施等一应俱全。学校重师资、抓特色,以人为本,以德治校,以安全至上,在全区民办学校考评中名列前茅,并多次在全区乃至全市各类比赛中获奖。

近年来,李季乘势而上,放眼未来,成功收购了上海鸿文国际职业高级中学。上海鸿文国际职业高级中学秉承求新创新、奋发自强的精神理念,注重爱国爱校教育和行为规范教育。学校先后被评为上海市宝山区德育教育工作先进单位、上海市中等教育学校行为规范示范学校。

# “逼”上钟山

## ——记南京绿枫智能科技有限公司董事长　李志才

俗话说，在家千日好，出门一时难。二十多年前，李志才着实体会到了出门在外的艰辛。李志才因债务缠身，被迫离开家乡，流浪街头。当时身无分文的他，只能去扫马路、捡垃圾。然而就是这不起眼的垃圾，却给他带来了商机。在短短几年的时间里，他不仅还完了20万元的债务，还拥有了自己的公司，一跃成为南京市有名的破烂王。

李志才家住霍邱县户胡镇，兄弟姐妹九人，他排行第八。母亲早年去世，全靠父亲把他们拉扯大，贫寒的家境让李志才早早品尝到了生活的艰辛。他四年级辍学后，便要学会挣钱养家。可是李志才既没有本钱又没

有门路，他能做些什么呢？

“收鹅毛，收鸭毛，收狗皮，贩粮食，只要能赚钱什么都干。”李志才说。

李志才年纪虽小，可做生意是一把好手。他诚实守信，十里八村的人都信任他。20世纪80年代末，粮食市场低迷，农村出现卖粮难的现象，李志才便从做收购羊皮、狗皮的货郎生意转向贩运粮食。

“那时龙潭、河口、户胡一带的粮食基本上都卖给我，老百姓都相信我，有钱没钱只管拉走，等粮食卖掉再给他们钱。”李志才自豪地说。

然而天有不测风云，李志才把收购来的80多万斤粮食陆续运往淮南后，这才得知对方是个骗子。待结账时对方已人去楼空，20多万元的粮食就这样不翼而飞。这一切就像晴天霹雳，沉重的债务压得李志才喘不过气来。他有家不能回，还整天东躲西藏，后来为了躲债他不得不离家出走。

1991年大年三十，李志才悄悄来到南京。他很茫然，不知道自己来南京能干什么，但是他懂得欠债还钱是天经地义的，暂时的躲藏只能“躲过初一，却躲不过十五”。

这个年李志才过得很心酸，人们欢天喜地过大年，而他只能独自一人在街头流浪。

“大年三十，人家都在过年，而我背个袋子在外面拾垃圾，一块二毛钱的肉丝面都舍不得吃。”李志才深情地回忆道。

但李志才明白只有靠自己的辛勤劳动才能改变命运。就这样，在过年的这几天里，李志才靠捡垃圾挣

了900元。有了钱,他首先想到的就是还债。他说:"我是赚多少钱就还多少债。"

虽然年没过好,但是李志才悟出一条生财之道。他发现扫马路是个不错的工作,既能领到工资,又能捡垃圾。于是他通过应聘,当上了南京蔡家巷街道的环卫工人。他风里来雨里去,没日没夜地工作,第一年就挣了七八万元。李志才从中尝到了甜头,创办了南京鼓楼废旧物资回收公司,从捡垃圾到废品回收,生意越做越大。

20世纪90年代初,南京市推行"退二进三工程",即第二产业退出城区,上百家工厂需要搬迁。这给李志才废品回收公司带来了巨大的商机。

工厂搬迁需要支付一定的搬迁费,而李志才不仅不收对方搬迁费,反过来还给对方一定的费用。工厂拆迁后,剩下的废品废料便在他手里产生价值。废品被分类整理后再卖出去,李志才从而从中获得了收益。当时的南京某罐头厂因资金不足,搬不起厂,李志才免费为其搬迁,并给全厂几百名工人发放了一年的工资。这件事在南京引起了很大反响。李志才随之名声大振,公司迅速壮大,员工增加了100多人。他自豪地说:"那时候我做回收生意,在南京是相当有名的,一半以上的工厂的废品回收都是由我负责的。"

辛勤的汗水换来了丰厚的回报。废品回收让李志才看到了希望,他希望自己能够尽快还清债务。

"那都是老百姓的血汗钱啊,他们因为相信你,所以才把粮食卖给你。现在我的生意做起来了,要尽快想办法还钱。"李志才说。

这期间户胡法院得知他的下落,前来南京寻人。当法官们看到李志才生意做得风生水起时,没有立即向他追债,而是鼓励他把生意做好。

他感激地说："如果当时把我抓回去就完了，不但债还不上了，而且生意也没法做了。这件事对我触动很大，也给了我还债的信心。"

在短短三年时间里，李志才还清了全部债务，压在心里的石头终于落了地。随着事业的发展壮大，1994年李志才在南京市河西一带建起了标准化厂房，为他的企业转型和改造打下了良好的基础。

近年来，李志才重点向房地产业发展，先后成立了南京网盾电子科技有限公司、南京双月电子机械有限公司和南京板桥汽车商贸城。2019年，李志才大手笔运作，在南京江北新区创办了绿枫智能科技有限公司。公司以软件研发为主，经营范围涉及技术咨询、技术服务、机器人研发与销售、计算机自动化系统等，并与南京大学、南京航空航天大学、南京工业大学合作，研发具有自主知识产权的绿枫智能系统。该系统包含移动执法视频采集管理系统和区域链管理系统，广泛应用于公安执法、区域管理、环境保护和质检抽样等领域。

# 方圆之道

## ——记北京新发地农业科技发展有限公司副总经理　李方圆

新发地农产品批发市场位于北京市丰台区，占地1800多亩，定点客户8000多家，日均客流量30000多人，是北京市农产品参考价定价单位。而新发地员工李方圆每天通过北京电视台播报当天的菜价。她落落大方的举止、甜美洪亮的声音，给消费者留下了深刻的印象。

李方圆家住霍邱县邵岗乡。大学毕业后，像无数初出象牙塔的年轻人一样，她对未来有着美好的憧憬。2012年，当她毕业走出安徽师范大学校门时，眼前却一片迷茫，不知今后该何去何从。后来她广投简历，参加各类招聘会，最终幸运地被北京新发地集团聘为实习生。

上班不久后，李方圆接到参加丰台区举办的“党在百姓心中”演讲比赛的任务。对于这个展示自己的机会，她当然不会错过。“（但）等我拿到通知一看，懵了。演讲比赛要求非常多，而且离截稿日期只有五天的时间。我白天写晚上写，连做梦都梦见自己在写演讲稿。到正式演讲时，我从新发地市场角度畅谈老百姓餐桌，谈北京的菜篮子，我的演讲最终赢得了评委的一致好评。”她兴奋地说。

在这次演讲比赛中，李方圆的演讲稿从3000多篇稿子中脱颖而出，获得一等奖。这让新发地集团1000多名员工对她刮目相看的同时，也让她得到集团领导的青睐。

在一次新发地集团新项目落成庆典活动中，主持人因堵车未能到达现场。就在这十万火急的情况下，李方圆“临危受命”，走上了主持台。

“接过话筒时，我心里不停地在鼓励自己，‘李方圆，你一定行’。”她回忆道。

紧张之余，李方圆出色地完成了主持任务，这次活动也给她带来了意外收获。接下来集团公司大大小小的活动，李方圆都参与其中，成为公司小有名气的主持人。

李方圆刚到新发地集团时，被分配在市场项目部，主要负责集团公司新项目的手续办理工作。接手第一个项目的经历至今让她记忆犹新。这是集团公司的一个房地产项目，该项目在她接手时已经停滞。对房地产行业一无所知的李方圆，开始一点一点地学习房地产知识。她觉得这个

项目符合政策要求,具有一定的可行性,于是她决定再找审批部门试一试启动这个项目。

“听说审批部门的负责人不在,我就从每天早上八点到晚上六点,一直待在传达室等他。我记得很清楚,到第十天时,保安跟审批部门的负责人说,新发地集团有个小姑娘天天在这等你。到第十一天时我终于见到这位负责人,他仔细翻阅了我提交的材料,说我准备的材料不齐。我抱着一大堆材料赶回公司,按要求补上。第二天见他,他又说少了一份材料,我又跑回去补上。第三次,他当着办公室所有人的面吼我说:‘我已经提醒你两次了,为啥材料补不齐,不能干就滚蛋。’我一边道歉一边表示继续补材料,然而背过脸时泪水倾盆而下。最后这位负责人可能被我的精神感动了,他帮我处理了很多事情。”李方圆委屈地说。

李方圆进入新发地集团以来,爱岗敬业、无私奉献,用实际行动在平凡的岗位上践行“北京精神”。工作之余,她坚持学习,用新知识、新理论武装自己,以优秀的成绩考取了合肥工业大学硕士研究生。作为一名中国民主同盟成员,她积极参加调研活动,为家乡、为丰台区的发展建言献策。

多年来，李方圆热心公益，坚持投身于公益事业。她投资10万元帮家乡敬老院接通自来水，并为老人购买家用电器和棉衣棉被；为11岁车祸女孩筹集医疗费数万元；通过霍邱县爱心公益助学协会资助3名高中生完成学业；积极组织“践行长征精神，情系老年护理院”活动，自费邀请北京协和医院医生为抗战老兵和护理院老人办康复知识讲座和义诊。

8年来，李方圆连续五年参加北京市委宣传部、首都精神文明建设办公室、北京市委讲师团组织的系列宣讲活动，获得了“北京优秀百姓宣讲员”称号和丰台区宣传部“丰台区最佳宣讲员”称号。她还先后获得丰台区农业委员会征文比赛一等奖暨演讲比赛二等奖、北京市“蟹岛杯”歌唱比赛三等奖、丰台区总工会“五月的鲜花”文艺演出一等奖以及霍邱县中华慈善总会“爱心使者”称号、中国民主同盟丰台区“优秀盟员”、六安市“六安好人”，合肥工业大学“大学生自强之星”等表彰和奖励。

# 光明在前头

## ——记北京中航科电测控技术股份有限公司董事长　李光明

每一个企业家的奋斗历程都是一部辛酸的历史，他们常常用无尽的汗水浇灌梦想之花，以挑战者的姿态，把握每一次机遇。李光明也不例外，他在机械制造领域里摸爬滚打数十年，勇于探索，孜孜追求，最终从迷茫走向光明。

1988年，李光明毕业于霍邱县洪集中学。当年他的理想是当一名教师，可是那年中考，他阴差阳错地落榜了。在家境贫寒的情况下，他没有选择复读，而是走上了打工之路。

在亲戚的帮助下，李光明幸运地谋到了北京科技大学图书管理员的工作。李光明借助于图书馆资源，边工作边学习，于1992年通过自学考试，考取了北京科技大学。李光明离开了图书馆，走进了大学课堂，然而生活的压力再一次考验着他。“那时候日子过得很艰难，穷得没饭吃，一个馒

头和一瓶辣酱当饭吃，一吃就是一个礼拜。”李光明回忆道。

李光明深知家境贫穷，自离开家的那一刻起，就没跟父母要过一分钱，没有饭吃就自己想办法。他在小广告上看到逮蜈蚣能赚钱，于是白天上课，晚上出去捉蜈蚣。他伤感地说：“头天晚上捉蜈蚣卖了几十块钱，心里很高兴。第二天又捉了100多条，回来都半夜一点了，学校大门进不去，只能翻大门。没想到装蜈蚣的塑料袋被大门上的铁尖子扎破了，蜈蚣跑光了，我伤心地坐在地上哭。”

然而困难阻挡不了李光明对知识的追求。就这样，他完成了大学本科和研究生学业，先后学习了采矿学和材料学，并对各种机械产生了浓厚的兴趣。经过系统的学习，李光明的专业知识不断丰富、技能不断提升。在实习过程中，李光明整天跟着导师一起做实验、搞研发，将理论知识与实践相结合，不仅提升了自我，还为实习单位解决了实际问题。他说：“当时实习单位有个德国进口机床产生故障却没人会修。我拆了卸，卸了拆，最终把它修好了，为单位省了一大笔钱。”

这次经历给李光明带来了机遇。毕业后，他便留在这家冷凝器厂工作，成了这个厂的技术骨干。1997年，李光明以较大优势拿下了厂的承包权。几年下来，李光明从承包经营中获得了第一桶金。

2004年，他放弃冷凝器厂的承包权，投资500万元成立了北京中航科电测控技术股份有限公司。万事开头难，公司创办初期他既当老板又当操作工，创业的艰辛不言而喻。

公司成立后不久，便接到第一笔订单，客户要求在一个月之内生产出200台机械设备。李光明却发愁了，按照正常工期这至少需要2个月。时间紧、任务重，李光明连夜组织开会，安排布置各项工作，及时组织生产。

“我们先对图纸进行审核，然后进行评审和编程，有效地分解工作任务。头一个礼拜没出产品，但到第八天的时候，我们就可以一条龙生产产品了。从加工到喷漆印制，每天出几十个产品。最终我们按时交货，客户表示很满意。”李光明回忆道。

真诚的合作赢得更多客户的信赖，企业也因此不断发展壮大。2014

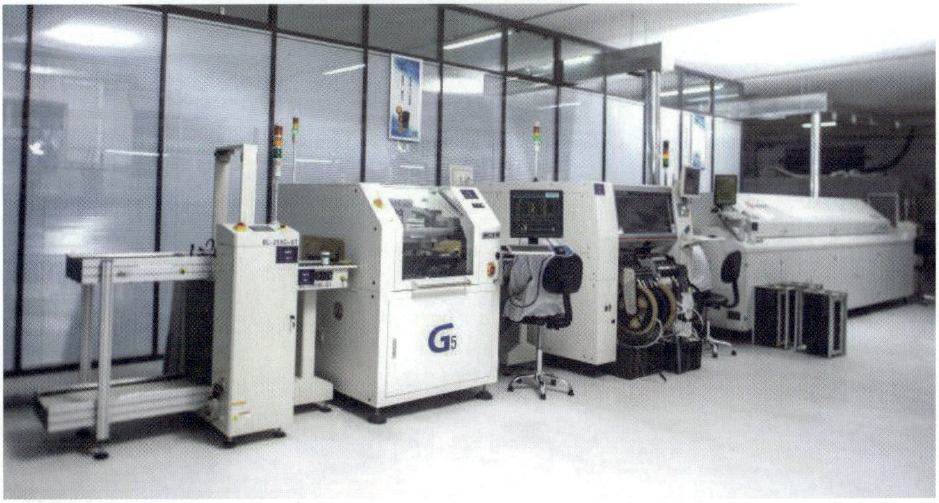

年，公司乘势而上，投资两亿元兴建了北京昌平生产基地，引进德国、日本先进的生产设备，致力打造技术先进、性能稳定、品种多样的高性能产品，以满足客户各种复杂精密的加工要求。多年来，公司主要面向航空航天、军工以及特种通信领域，专业从事北斗导航、军用加固计算机、电子自动化产品研发和生产，并可承接代工整机产品、外包服务等业务，也可 承接机械构件加工以及三防配套服务业务。

一路走来，李光明怀揣梦想，将坚毅的品质演绎到新的高度，用信念、坚守、执着诠释着新的人生。

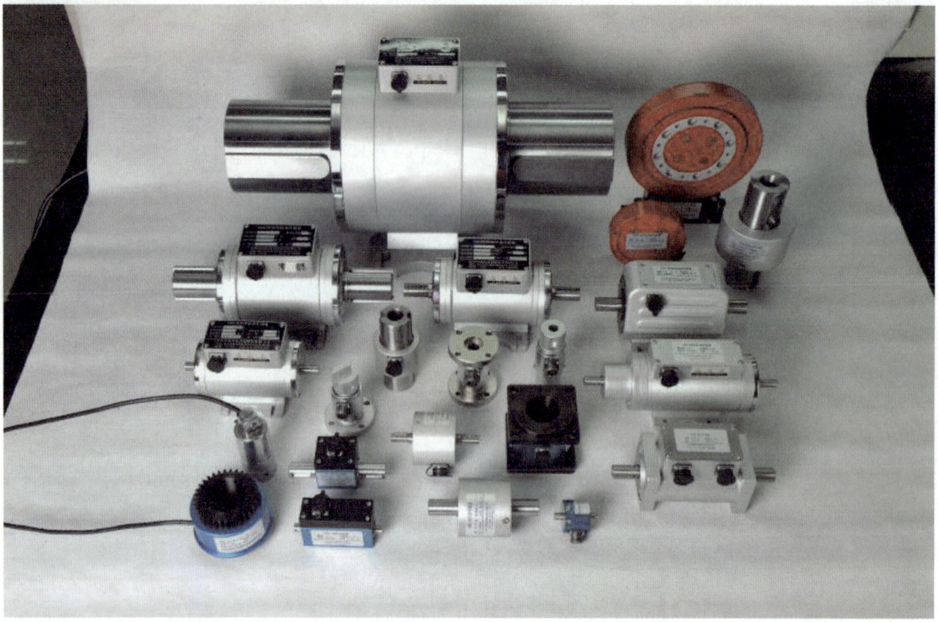

# 西塘之恋

## ——记上海筑邦文化传播有限公司<br>浙江映像旅游文化发展有限公司董事长　李道兵

楼台亭阁小屋棚，白墙灰瓦雨如烟。西塘古镇历来因古朴淡雅、宁静温暖的特色景观，让人流连忘返。6年前，李道兵来到这里，便陶醉于如诗如画的水乡景色之中。

西塘古镇位于浙江省嘉兴市，处于江浙沪接壤的三角地带，千年古镇孕育着淳朴而深厚的特色文化。潺潺的流水、悠悠的田歌、高高的瓦墙，夕阳斜照、渔舟唱晚，犹如一幅浓淡相宜的水墨画。别具特色的酒吧街更是将古典与时尚相融合，将沉静与喧嚣相结合，吸引了无数游客。

2012年，李道兵来到西塘，看到这里商铺林立，游人如织，便有了创业的想法。他看重这里的商业氛围，想在这里干一番事业。

"第一次来西塘，西塘就给我留下了深刻的印象。这里平均每天有两万名游客，我感觉这里很有商业发展的潜力。"他感触道。

潜力便是动力。2013年春天，李道兵重返西塘，投资400万元，创办了自己的第一家酒吧——西塘桃花庵，从此他的企业发展踏上了新的台阶。

李道兵家住霍邱县花园镇迎龙村，母亲早年去世，小学毕业后他便辍学在家帮助父亲干农活。1997年，李道兵未满18岁，便加入了打工的队伍。

他说："我看到同龄人出去之后都混得不错，自己也想出去闯一闯，其实自己没有任何目标。"

李道兵跟随老乡来到上海奉贤区新海镇找到的第一份工作便是抬大石修海堤。

"白天干四五个小时，晚上干三四个小时。潮水涨了，我们下班；潮水落了，我们去上班。白天夜里都要干活，很累。"他说道。

活重、活苦、活累，李道兵都认了。他抬石头修海堤，还到附近建筑工地去打工，为的就是多干一份活，多挣一份工钱。

李道兵深情地说："隔壁邻居都赚钱盖瓦房了，我家房子还是土墙草顶。我就想更努力地工作，赚钱早点盖几间砖墙瓦顶的房子，然后再干一两年，买辆摩托车，这就是我当时的理想。"

正是这样简单的梦想，让李道兵在打工路上不知疲倦。尽管做的是一些零碎的活，但他总是不怕苦不怕累。半年之后他终于在拉丝厂找到了工作，稳定了下来。

"正常早晨七点上班，晚上五点下班。我们几个外地人都比较能干，觉得在拉丝厂上班要比在外面工地做散工好多了，因而基本上每天我们都要加班到十一二点。"李道兵回忆说。

一年之后这家拉丝厂倒闭，李道兵又应聘到三力电池厂做销售工作，主要销售寻呼机、玩具所用的小型号电池。可是好景不长，随着寻呼机的没落，电池销售量也每况愈下，李道兵便跟随亲戚来到宁波，在农贸市场

租下摊位卖猪肉，尽管收入让人满意，但他总觉得这个行业发展潜力不大。为了寻求更多的商机，他再次来到上海。

机缘巧合之下，李道兵被一家图书公司招聘为业务员。李道兵的勤奋与好学给公司增添了新的活力，他也在短短几个月内就被提拔为业务经理。2005年，为了发展壮大企业、有效整合公司的运营资源，李道兵加入了这家公司，成为公司的股东。2008年，他从公司离职后，成立了上海筑邦文化传媒有限公司。有了自己的公司，李道兵大刀阔斧地谋求发展之路，改变过去单一的销售模式，努力打造以出版策划与销售优秀设计类图书为主营业务，以专业经营建筑与景观规划、室内平面广告、影视动漫、服装设计等书刊为辅的经营模式。公司致力于为设计师提供最新、最快、最全面的图书资料和专业服务，同时参与设计与主办相关的主题活动，逐步走上集策划、设计、出版和市场推广于一体的发展之路，公司还与国内许多出版社建立了良好的业务关系，并在国内多个城市设立了销售点，业务遍及全国各地。

随着互联网的迅猛发展，

图书行业遭受了较大的冲击。他又将投资目光瞄准了西塘古镇酒吧,但这一想法再次遭到家人和朋友的反对。

“酒吧好像给人的印象是是非之地,其实西塘的酒吧则不然。当地政府管理得很规范,酒吧行业不存在恶性竞争,也没有违法行为,我还是想在这里闯一回。”他说。

西塘桃花庵的开业迎来了宾朋满座,生意日渐红火。李道兵乘势而上,接连又开办了“地心引力”“西塘记忆”“兵谣酒吧”。为了提高服务水平,他在演艺上下了不少功夫,先后从上海、杭州等地聘请了演艺界知名人士在酒吧表演节目。

“西塘酒吧展现了一种文化,注重的是一种人文格调,保留着水乡古镇的韵味,给人们提供一个沟通与交流的平台。”李道兵深有体会地说。

西塘酒吧以别具特色的古典文化魅力和浪漫时尚的流行风格吸引了八方来客。为了完善西塘古镇的旅游服务体系,李道兵投资2000多万元,将西塘假日大酒店打造成集吃住行、观光旅游为一体的西塘明珠。随着南太湖龙之梦乐园的开业,李道兵与朋友合作一举拿下酒吧街经营权,53家酒吧大放异彩,为李道兵的创业之路锦上添花。

# 岁月的记忆

## ——记黄山仁富投资置业有限公司董事长　李仁喜

每个人都有美好的童年，尽管有时不尽如人意，但岁月的痕迹往往会影响其一生。李仁喜从小就是个不安分的孩子，为了追寻童年的快乐，他一刻也没闲着。

李仁喜出生在霍邱县潘集镇，兄妹四人，他排行老大。20世纪60年代，人们生活尚不宽裕，李仁喜一家也是吃了上顿没下顿。

“有一次放学回家，妈妈对我们说，你们都睡觉吧，今天晚上没饭吃了。人是一盘磨，睡倒就不饿。其实想想，自己白天那么顽皮，体力消耗大，晚上不吃饭能睡得着吗？”李仁喜深情地回忆道。

李仁喜不仅吃不饱、穿不暖，甚至连两元钱的学费也交不起。人小鬼大的李仁喜就用奶奶给的压岁钱，去周边的甘蔗地里买一些甘蔗拿到街上卖。

“我一天能赚两三毛钱，想给自己挣点学费。”李仁喜说。

尽管如此，李仁喜还是辍学了。那年他仅仅十岁，小小年纪的他能做什么呢？他选择了帮别人杀鹅收鹅毛，虽然整天与血腥脏臭打交道，但是他丝毫没有怨言。

13岁那年，李仁喜第一次出门到黄山打工，在路桥公司烧开水。不料公司施工遇到了山体塌方，损失惨重，发不出工资。李仁喜便把自己平时挑水用的铁桶卖了挣了6元钱，这便是他辛苦半年得到的全部工钱。

少年的心总是单纯而容易满足的。虽然第一次外出打工失利，但是李仁喜并没有气馁，他觉得外出打工是农村辍学孩子唯一的出路。过完年，李仁喜和同乡一起来到霍山县马家河林场砍伐树木。因为年纪太小，砍木头、拉大锯的活他一样也干不了。结果6天后李仁喜没找到合适的工

作，只好打道回府。可是他身无分文，几十公里路程怎么回家呢。李仁喜和两位小伙伴一合计，决定靠双脚走回去。半夜里三位小伙伴又冷又饿，实在走不动了，看到一家店便敲开了门，吃了三大碗面条，舒舒服服地睡了一晚。第二天早上醒来，到了要付钱的时候，两位小伙伴眼巴巴地望着李仁喜。

“我把袄子一脱，和店老板说把袄子押给他，自己回去拿钱来赎。当时我态度很诚恳，店主看我里面只穿着一件很破的内衣，说不用给饭钱了，让我把袄子穿走。”说到这里，李仁喜有些激动。

时过境迁，他虽记不得那家店在哪里，也不知道该如何去感恩，但感恩的情怀却永远留在他的心里。

李仁喜渐渐长大了，18岁那年，他第一次踏入上海。虽然没有文化，但李仁喜一米八五的个子却是一个做苦力的好身板。为了多挣钱，他不怕苦不怕累，先后在建筑工地、码头、海水养殖场干些力气活。过年回家时，他把攒下来的100多元交给父亲。

“我爸爸看我没穿棉袄，于是花了28元钱给我买了一件军大衣。我舍不得穿，就又偷偷地卖了，然后我把钱交给妈妈。”他深情地回忆说。

20世纪90年代初，李仁喜和朋友合伙买了一辆小货车在上海跑运输，随后又承包了上海环卫局两辆货车。李仁喜事业刚有起色，不料却遇到了意外，一场大火将李仁喜家中的三间新房烧得一干二净。这把火虽烧掉了他几年的积累，但没烧掉他对生活的斗志。他放弃了上海的运输事业，买了一辆自卸车直奔宁波，准备大干一场。

在宁波，李仁喜被称为“拼命三郎”，每天六点起床干活，直到夜里十二点才回家。尽管如此，幸运之神却总是与他擦肩而过。一年时间里的两次车祸，让李仁喜背上了数十万元的债务。然而一次次的挫折，更激发了他创业的热情。

从那以后，李仁喜开始组建车队，寻求多方合作，从单枪匹马跑运输发展为承包工程，短短3年就赚了300万元。

李仁喜回忆道："我老婆看到我挣了这么多钱，打算回老家盖新房子，安安稳稳过地日子，但我并不这么想"。

李仁喜最终决定把这笔钱投入餐饮业，创办了宁波明轩大酒店。但由于消费标准定位失误，酒店仅营业了一年半后便草草关门。

2006年，李仁喜又注册成立了宁波市鄞州区合力工程建设有限公司，先后承接了宁波市政工程中的公路、铁路和码头建设等一批重点工程项目。2009年，他召集五位股东，成立了黄山仁富投资置业有限公司，承接休宁县富宁时代广场项目，并获得了良好的社会效益和经济效益。与此同时，他还成立了黄山龙飞投资置业有限公司，并承接了休宁中学建设等商业开发项目。

岁月如歌，在人生的长河中，李仁喜的创业之路有坎坷、有荆棘、有泪水，也有欢笑。李仁喜凭借着坚韧不屈的毅力，一步步走向光明。

# 三十年河东

## ——记宁波开元喜嘉酒店管理有限公司董事长　李仁俊

走进宁波市开元曼居大酒店，就像回到温馨的家。优雅的环境、优良的服务，让人连连称赞。看着这华丽与时尚完美结合的酒店，酒店创始人李仁俊时常想起30年来走过的艰辛的创业历程。

改革开放前，贫穷依旧是许多家庭难以逾越的障碍。30年前，李仁俊为过上温饱的日子，背井离乡，四处奔波，踏上了艰辛的打工之路。

李仁俊家住霍邱县潘集镇。1987年，14岁的李仁俊因为交不起学费，毅然选择了辍学。他迈起了稚嫩的步伐，独自一人来到上海，寻找打工挣钱的机会。

因为年龄小且身形瘦弱，李仁俊找工作遇到了重重困难。在半年的时间里，他几乎是流浪街头，度日如年，但是他从不放弃寻求工作的机会。

夏去秋来，他终于在宝山区一家铜带厂搅拌水泥的工地上找到一份做小工的工作。这份工作每天工时长达15个小时，在常人看来，这孩子根本吃不了这种苦。然而坚强的李仁俊却十分珍惜这个机会，再苦再累都不怕，任劳任怨。不久后，辛勤的汗水终于换来了工地管理者的认可。

"头几天工地只管我吃住，不给工资，后来每天有六块四毛钱的工资。这对我来说已是一笔很大的收入了，可以买8斤多肉。"他欣慰地说。

虽然有了收入，但李仁俊一分钱也舍不得花，每天啃馒头吃咸菜；夜晚空闲时，工友们去看电影、打游戏，他并不为之所动。过早地有了社会经历，使得李仁俊心性成熟，他深深懂得每一分钱都来之不易。他坚信劳动能改变现实，奋斗能改变命运，知识能改变未来。在3年的打工生活中，他利用有限的时间，重新拾起课本，自学完成了小学及初中课程。

随着年龄的增长和知识的不断积累，李仁俊认识到自己的人生目标不在于打工，他要继续追逐自己的梦想。经过几年的磨砺，李仁俊从懵懂少年成长为值得信任的阳光青年，学会了承担更多的责任。

虽是苦难，亦为沃土。经过多年的省吃俭用，李仁俊攒到了一笔钱。1994年，在家人的支持下，他与叔叔合伙购买了一辆货车，走上了漫长而艰辛的运输创业之路。多少次风吹日晒雨淋，李仁俊跟随着滚滚车轮，踏遍了上海市的大街小巷。后来他注册了上海耀启托运公司，为今后的发展打下了基础。

随着新世纪的到来，江浙地区经济迅速发展，李仁俊看到宁波运输市场拥有巨大的发展潜力。于是在家人的支持下，他果断地放弃了蓬勃发展的上海的运输事业，转战宁波开拓新市场，经营着工程运输车队。随着车队的不断发展壮大，李仁俊很快拥有上百辆货运工程车。在他有效的调度指挥下，宁波奥丽赛大厦、奥克斯集团等一批重点项目的基础工程顺利完工。接下来的福建电厂建设项目，让历经多年磨炼的他又看到了新的商机。李仁俊果断增加了对福建市场的投入，并最终获得了良好收益。

随着房地产公司如雨后春笋般地兴起，2007年李仁俊注册了浙江省喜嘉房地产经纪公司，主要经营房地产销售以及政府资产的委托管理业务。然而2008年房地产危机的突然来袭，资金的缺乏、人员的大量流失，让他面临着巨大的挑战与艰难的抉择。通过对房地产政策与城市居民住房现状的冷静调研与思考，李仁俊最终选择了坚持下去。在家人的支持

与鼓励下，凭借着多年苦难生活磨炼出来的坚韧品格，李仁俊最终在这场危机中稳住了脚步，挺了下来。在2009年房地产市场回暖后，李仁俊乘势而起，不断壮大自己的事业。他先后注册了宁波四明房产经纪有限公司、宁波喜嘉餐饮管理有限公司、宁波开元喜嘉酒店管理有限公司和浙江喜嘉电力服务有限公司，成为四家公司的董事长。由于市场调查精细、管理团队精干、经营管理到位、应对市场灵活、营销收入稳定，李仁俊的公司一直处于行业领先地位。

信念鼓舞前行的勇气，梦想给予奋斗的力量。随着企业的发展壮大，李仁俊不忘初心，不断追逐自己的少年梦。他将少年的苦难转化成对社会的责任，积极参与扶贫济困、爱心助学等公益活动。2019年，为了让更多的少年不再辍学，他通过霍邱县爱心公益助学协会资助十名贫困生重返校园。

# 跳动的心

## ——记上海仁联集团 新仁类（上海）网络科技有限公司创始人 刘鹏

有人常常抱怨，为什么别人比自己做得好，然而刘鹏却经常这样问自己："怎样做，我才能做得更好？"

刘鹏家住霍邱县新店镇栄西村。2008年，他考取了安徽体育运动职

业技术学院，家人希望他毕业后能够当一名教师，有一份稳定的工作。可是刘鹏想到父母辛辛苦苦工作为他挣学费，心里很不是滋味，于是他在仅仅读了2个月的大学后，便放弃学业外出打工了。

初到上海，刘鹏当过餐厅服务员，卖过保险，做过房地产销售。他把所有的委屈都埋藏在心里，甚至没钱吃饭、露宿街头也毫无怨言。

“爸爸每天都要打四五个电话给我，劝我回去上学，但我态度很坚决。自己的路自己走，决不会辜负家人的期盼。即使生活苦，我也从来不向家里要钱。有一阵子天天吃泡面，一吃就是十多天，我也坚持了下来。”刘鹏回忆说。

其实刘鹏的想法很简单，生活不求丰衣足食，只图有口饭吃，有个落脚的地方。自己选择的路再艰难也要走下去，因此他忙碌的脚步一刻也没停下来。他白天上班，晚上就去摆地摊，挣个饭钱。

虽然起初刘鹏挣扎求生存，但他始终怀揣着梦想，想干出一番事业。在上海的头两年，他换过许多工作，经常与中介打交道，对劳务市场比较熟悉。凭借这小小的优势，他与朋友合伙开了一家劳务中介公司。有了自己的事业，刘鹏更加努力，每天都要忙到深夜，将公司各项业务打理得井井有条。

功夫不负有心人。一时间，小小中介公司门庭若市，收入不断攀升。然而刘鹏并没有感到兴奋，他突然觉得，这个钱赚得不合理。中介工作作为人力资源工作的替代与补充，用人单位理应支付相应的服务费用，而不是向劳务人员收取中介费。他深有体会地说：“应聘者原本属于‘弱势群体’，就像我刚来上海一样，口袋里没有钱，但还要交中介费，日子便会过得更加艰难。”

想将劳务中介转变为劳务派遣，仅依靠一个人的能力谈何容易。刘鹏与周边几家中介公司商议后，决定改变这种不合理的现状，于是一群志同道合的年轻人走到了一起。2014年，他们共同创办了上海仁联人力资源有限公司。

刘鹏介绍说：“我们都是外乡来的，到上海追寻自己的梦想，曾遇到过各种坎坷。我们深知，要想干一番事业，靠一个人的能力是不可能的。我们有各自的优势和缺点，我们只有团结在一起，把资源整合起来，才能快速占领市场。”

面对新的理念、新的挑战，企业的生存与发展再一次回到原点。刘鹏和他的伙伴们从零开始，走上了第二次创业之路。刚开始，用人企业难以接受新的用人理念，公司在很长时间内都没有业务，只能靠借钱发工资。

然而在一无资金、二无品牌的情况下，刘鹏终以诚实的品质感动每一个客户，用优良的服务赢得客户的赞赏。经过一年的努力，公司最终突破了瓶颈，业务量大增。

经过四年的打拼，上海仁联人力资源有限公司在10位创始人共同努力下，成长为拥有30家分公司的仁联集团，自营网络覆盖全国40多个城市，拥有200多家招聘网点及300家就业服务站，累计安排就业人员超过百万人。每年向3000多家大中型企业、近50家世界500强公司外派雇员5万余人，年培训及供应人才20多万人。为客户提供全方位、多层次、细分化的外包服务，包括服务业外包、制造业外包、人事外包等。公司凭借着优秀的团队、先进的运营理念，成功跻身大中华区人力资源行业50强。2016年，为满足人才市场需求，仁联集团创办了新仁类（上海）网络科技有限公司，该公司业务分为口碑工作、爱稳定、蓝薪卡、仁爱通四大板块，其中口碑工作是仁联集团领衔投资，为人才市场量身定制的智慧型后台管理系统，专注于城市新人类的网络招聘及线下输出、安置服务工作，是一家用心服务于求职人的网络招聘平台 。口碑工作于2017年获得1500万天使投资，并荣获2017年人力资源服务创新大奖、2017年人力资源科技大奖。与此同时，刘鹏也获得了在沪创业成就奖殊荣。

# 康沃动力不相信“否定”

## ——记江苏康沃动力科技股份有限公司董事长　刘配勇

每当我们做出某项重要选择的时候，往往会招来不同的声音，有支持与鼓励，也有反对与否定。江苏康沃动力科技股份有限公司董事长刘配勇在创业过程中，作出三个抉择，对于来自多方否定的声音，他总是不以为然。“很多人不理解我，觉得我浮躁，其实并不是这样的。我是想听到更多的鼓励，而不是否定的声音。而事实也充分证明，我的三个重要的抉择都是正确的。”刘配勇说道。

刘配勇出生在霍邱县长集镇幸福村，初中毕业后考入当地一家职业技术学校。那时打工潮兴起，他刚读了一年中专便萌生一个念头：放弃学业，出去闯一闯。

然而刘配勇辗转来到上海后才明白，事情并非想象得那么简单，找工

作的过程也一波三折。刘配勇当过服务员，做过建筑工，尝尽生活的艰辛。经过半年的折腾，后来他幸运地被一家专业生产柴油发动机的国有企业聘用。随着工作的不断深入，刘配勇慢慢地对柴油发动机行业产生了浓厚的兴趣。

经过系统的学习与磨炼，刘配勇在这家公司一干就是九年。他先后在生产部、质检部、设计部和销售部轮岗工作，逐步提高自己的工作技能。刘配勇感慨道："虽然我没有读大学，但是我觉得在这个企业里工作，就像学完了整个大学课程。"

经过九年的学习和实践，刘配勇对柴油发动机的生产流程、技术性能、设计工艺以及销售模式了然于胸，逐渐成为公司的中坚力量，那时的他年收入就有数十万元。正当人们向他投去羡慕的目光时，刘配勇却出人意料地做出了辞职的选择。他说："在那种体制下，我的人生是被限定的。我不喜欢安逸的生活，而我的朋友也希望我能走出来，带着大家做一款属于我们自己的产品。"

2010年,刘配勇离开了为之奋战了九年的国有企业,带着七个技术员出身的朋友,由他个人投资,创办了江苏康沃动力科技股份有限公司。创业之初,刘配勇原以为有技术就能出产品,有产品就一定会拥有市场。而真正接触到市场之后,他才知道发动机生产企业运营不仅需要技术的支撑,还需要大量的资金投入、科技投入以及管理体系、服务体系建设,这一切都是民营企业所不具备的。创业头一年,公司经营步履维艰,这时的刘配勇再也坐不住了。他觉察到整个团队发展方向不明,于是他花了半年时间,专门走访了国内外众多的柴油机厂和潜在的客户群。

回公司之后,刘配勇把大伙召集在一起,说:“我要改变这个行业。”大家不解地望着他,不知他葫芦里卖的什么药。

原来通过市场调查与论证,刘配勇意识到在国内发动机市场方面,国有大型企业具有一定的品牌、资金、技术等优势,而民营企业要想生存下去,就得走差异化发展的创新之路。于是他提出了三大差异化发展的战略思路。第一,技术差异化。私企与国企并不是竞争关系,而是互补关系,私企可以靠高品质、高技术做进口产品的代理,以消除品牌劣势。第二,经营模式差异化。变过去寻找客户为替客户寻找问题,开展战略性合作。第三,生产工艺差异化。公司不仅要拥有技术研发能力,还要提高生产工艺水平,提升客户信心。康沃动力紧紧围绕“三大差异化”的发展思路,以大中型动力系统为核心,以高端智能创新为驱动力,全面打造

“市场+技术”的双引擎模式。

康沃动力的主打产品柴油发动机和柴油发电机组被广泛应用于船舶舰艇、石油矿山和各种工程机械，产品具有大功率、高扭矩、低能耗、低排放和高能效等优点，荣获多项国家专利。几年下来，康沃动力的产品不仅取代了国内进口产品，而且还出口到50多个国家和地区。如果说创业之初，刘配勇走出了被否定的阴影，在成功的道路上获得突破，那么四年之后他再次做出的一个决定，更让周围的人们一片哗然。他要投资四亿元，兴建一个集发动机生产线和数据中心为一体的高端智能化新厂区。

刘配勇回忆道：“那时私下里的否定声不断，说我有了点成绩，就不知天高地厚，又要把全部身家搭进去。其实对于创业者来讲，坚持很重要，创业的成功与否，决定性因素之一就是你选择的道路是否正确。如果因为听到有否定的声音就选择放弃，那么事业注定会失败。第一次创业我们努力了三年，最后成功了；第二次建厂，通过两年拼搏，我们又做到了；第三次我在新厂建设时提出了上市计划，这次不只计划被人否定，更有人说我疯了。但是我知道事实并非如此，我要为团队负责，只要我做的事情符合团队利益，失败与否并不重要。2015年6月18日，康沃动力在北京新三板正式挂牌，再次证明了我们团队的信念，我们历次重要的抉择是正确的。”

# 温馨的“胖鱼头”

## ——记南京胖鱼头餐饮管理有限公司董事长 刘 杰

在南京，每当到吃饭的时间，食客们或携家带口，或情侣相伴，或宾朋相拥来到“胖鱼头”。他们都是冲着“胖鱼头”的名号，前来品尝“胖鱼头”的。

说到“胖鱼头”，就要说一说南京胖鱼头餐饮管理有限公司董事长刘杰，在餐饮界里，刘杰可谓是“少壮派”。熟悉他的人都知道，几年前他只是个卖鱼的小商贩。经过几年的奋斗，刘杰最终成长为餐饮界的名人。

也许刘杰生来就与鱼有着不解之缘。1993年，17岁的刘杰从霍邱县马店镇跟随打工潮，风风火火地来到南京。看到南京高耸入云的大楼，车

水马龙的街道，天真的他以为自己的梦想马上就可以在这里起航。可是刘杰一摸口袋，发现身上只剩两块钱。但他不气馁，说道：“虽然我很穷，但我有个梦想，我想要当老板。”

过了几个月，刘杰再次来到南京，真的当起了小老板。他从老家收购一些鸡鸭鹅和水产品，贩运到南京。贩卖一趟赚个几十元，他觉得很开心。

刘杰把家乡的农副产品贩卖到南京，刚开始还干得很起劲。可这样一趟一趟地折腾，贩卖东西赚的钱扣除运费后所剩无几，还不如帮别人打工挣得多，于是他决定继续找工作。到了新街口劳务市场，由于刘杰年龄小，几天也没找到工作。这时他在羊皮巷菜市场里找到一位做水产生意的老板说：“让我给你做事吧，我不要工资，只要有饭吃就行。”

也许是刘杰的诚意感动了老板，老板同意了。刘杰勤勤恳恳做事，踏踏实实做人，老板也一直看在眼里记在心上。两年后，刘杰的人生出现了转机。水产摊老板年岁渐高，不适合继续做生意。他将摊位转给了刘杰，并把客户介绍给他认识。

1998年，刘杰接过了水产摊位，当上了梦寐以求的老板。然而当老板并非他想象得那么风光，相反这又是一次对刘杰意志的考验。他回忆道：

"每天晚上十点多休息，夜里一点又要起来进货。有时回来晚了，顾不得睡觉，直接换衣服就出门进货去了。人家讲世上有三苦，撑船打铁卖豆腐，其实卖鱼最辛苦。"

刘杰在羊皮巷市场的水产生意越做越红火。一是因为他半夜进货，保证摊位上有足够新鲜的货物；二是因为他与伙伴们同吃同住，从不摆老板架子；三是因为刘杰诚信经营、和气生财，招揽了不少生意，并与多家酒店保持着良好的合作关系。就这样仅仅一年之后，刘杰又租下了一个新的摊位。

卖鱼的工作一做就是八年，这期间刘杰天天与酒店打交道，看着许多酒店从小做到大，也积累了一定的酒店经营经验。

有了市场经验的积累、资金和货源的保证，2005年刘杰与在金陵饭店当厨师的内弟合作，投资40万元在南京太平南路开了第一家胖鱼头酒店，并且注册了南京胖鱼头餐饮管理有限公司。胖鱼头酒店自开张以来，"以其鲜而不腥，肥而不腻"的独特风味立足于金陵美食界。一时间饭店门庭若市，成为当时南京餐饮界小小的奇迹。

奇迹的出现绝非偶然，这缘于刘杰超前的经营理念和市场定位。从小商贩到胖鱼头餐饮管理有限公司董事长，刘杰完成了一个从拼体力到拼智力的华丽转身。刘杰为自己设定了明确的发展方向，并且沿着这条道路坚定不移地走下去。十多年来，公司已拥有十多家连锁店，形成了一整套先进的管理模式，初步建立了规范化、现代化的管理体系。

为了进一步的发展，刘杰还专程赴台湾等地学习连锁实业的发展模式，践行自己的发展规划，并对酒店各项资源进行整合。目前该公司已与五家水产养殖基地签订了购销合同，实现了从源头上控制产品。同时公司还成立了胖鱼头配送中心，将食材原材料一次性加工好后配送到各个连锁店。这既保证了菜品品质，又降低了采购成本和人力成本。

# 济世为民人生路

## ——记安徽省济民医疗集团董事长　院长　刘爱国

当生命受到癌症的威胁，当对癌症的恐惧笼罩在患者的心头，刘爱国总是感觉肩上的担子很沉重。作为全省第一位肿瘤学研究生，刘爱国从事肿瘤医学研究30多年，始终奋斗在抗癌第一线，致力于让更多的癌症患者重获新生。他创办的安徽省济民肿瘤医院先后投资3亿多元，配置了先进的医疗技术设备和700张床位，成为全国最大的股份制肿瘤医院。

刘爱国出身于知识分子家庭，高中毕业后便上山下乡，来到霍邱县三元乡僧窑村接受再教育。

刘爱国酷爱读书，即使被下放到农村，他也没有放下书本。1978年恢复高考后，他顺利考入皖南医学院，成为“文革”后第一批大学生。毕业之后，他被分配到六安市第一人民医院担任外科医生。

刘爱国重点攻读肿瘤医学，为获取更多的医学知识，他选择了继续深造。1987年，他考取了蚌埠医学院肿瘤学研究生。因成绩突出而留校工作，很快便成为肿瘤外科主任。

刘爱国在肿瘤领域苦苦探索，逐渐成长为全省肿瘤学界的佼佼者。1999年，身在美国且事业处在稳步发

展的黄金时期的刘爱国作为海外高层次人才被引进回国，并奉命前往合肥，筹建安徽省肿瘤医院。就在刘爱国准备大干一番的时候，2003年“非典”的发生导致大型医院建设项目被叫停了，这对于他来说可谓不小的打击。

1999年至2003年的四年间，刘爱国担任省新华肿瘤医院肿瘤中心主任、业务院长。尽管一直与肿瘤打交道，但是建立一家专业性省级肿瘤医院是刘爱国及全省众多肿瘤学专家学者们多年的梦想。2003年，在有关政策的扶持下，刘爱国经过不懈的努力，最终创办了安徽省济民肿瘤医院。

然而济民肿瘤医院的创办并非一帆风顺。正当济民肿瘤医院紧锣密鼓地建设之时，意想不到的情况出现了。2008年春节将至，工人们都在等着结工钱回家过年。就在这时，来自上海的一个参与医院投资建设的投资方濒临破产，投资建设医院的资金不能按时到位，这让刘爱国陷入了困境。

“一个星期之内，我把自己家和亲戚朋友的房子全部抵押了出去，筹集了700多万元，结算了所有的工程款，让民工可以回家过年。”刘爱国深情地回忆道。

创业的艰辛没有让刘爱国退缩。他认为建好肿瘤医院是自己的责任，为了这份责任他不能放弃。刘爱国感慨地说：“我是医生，也是肿瘤专家，生活衣食无忧，我建医院不是为了贪图名利。在困难面前，很多人劝我放弃，但是我感觉那是我的责任，于是我投入了我的全部心血。”

真心付出必然会有相应的回报。济民肿瘤医院经过几年的建设发展，已成为占地30000多平方米、建筑面积40000多平方米，拥有700张床位，设施齐全、技术精湛的三级肿瘤专科医院。医院汇集了一批国内外肿瘤专家和学者，肺癌、乳腺癌、大肠癌和宫颈癌等专科的诊疗技术处于全省领先位置。

济民肿瘤医院的快速发展引起了同行的关注，医院与中国医学科学院肿瘤医院、北京大学肿瘤医院等建立了友好协作关系，并与美国哈佛大学、南加州大学，德国洪堡大学等著名研究机构有多项科研合作课题。2011年，上海复星医药集团看准了济民肿瘤医院的发展前景，双方正式签订了战略合作协议。复星集团投资了两亿元，为济民肿瘤医院的发展带来了新的动力。

刘爱国介绍说："上海复旦大学附属医院，包括上海中山医院、华山医院、上海东方肝胆医院、上海肿瘤医院等，都是我们的合作伙伴。我们的目标是使济民肿瘤医院成为全国领先、国际知名的医院。"

十余年来，安徽济民肿瘤医院积极开展社会公益扶贫活动，在为广大患者提供优质服务的同时，坚持不懈地在全院上下营造"慈为人心、善举济世"的氛围。建院以来，医院在提供治疗和服务的同时，还尽自己最大

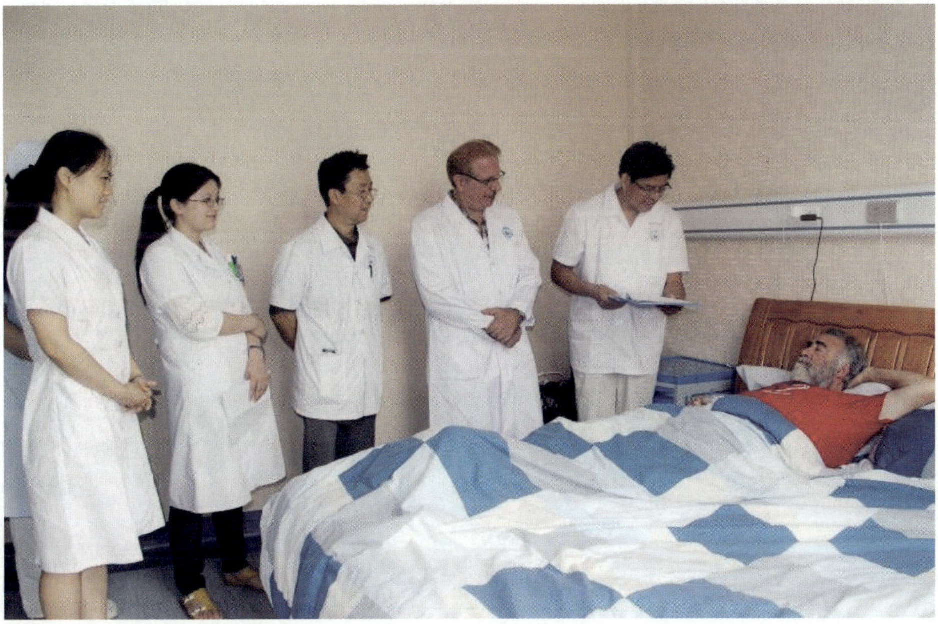

的努力去帮助有需要的贫困患者。医院每年拿出5% ~ 10%的收入，用于减免一些家境困难的患者的医疗费用。特别是医院加入新农合以后，对于前来看病的五保户一律实行先就诊、后付费的措施。数年来，医院累计减免的费用已超过3000万元。医院还多次联合安徽省抗癌协会承接“科技助力精准扶贫工程——科普惠民乡村行”系列活动，组织专家团队，前往涡阳、凤台、临泉、太和和庐江等县开展扶贫工作，认真贯彻落实习近平总书记关于扶贫开发的战略思想和中央脱贫攻坚决策部署。刘爱国在扶贫工作中率先垂范，结合中国癌症基金会“囊萤计划”，多年坚持资助十余名贫困学生上学，关注贫困学生们的身心健康，并定期为他们进行健康体检。刘爱国也因此先后被合肥市慈善总会授予“慈善兴义举 爱心送温暖”荣誉证书；被长丰县人民政府授予“爱心使者”荣誉称号，济民肿瘤医院也被合肥霍邱经济文化发展促进会授予“慈善捐赠爱心单位”等荣誉称号。

在习总书记把“实施健康中国战略”作为国家发展基本方略的思想的指引下，刘爱国带领他的团队开始在全省各地开办医院，已开诊的有芜湖济民医院、广德桃州医院、安徽新安中西医结合医院和霍邱蓼都金水外

科医院，将要开业的有临泉同盛医院、滁州国际医疗中心和六安济民康复中心等。一个以肿瘤治疗为主业务、实行医养结合的安徽省济民医疗集团正在形成。

刘爱国及其团队始终牢记医护工作者的天职，坚持“救世济困，救死扶伤”的理念，坚持一切以患者为中心。

十多年艰苦创业，十多年辛酸历程。刘爱国将在济世为民的道路继续走下去。

# 幸运的稻草

## ——记南京市清禾草制品有限公司董事长　刘佳琼

如何处理收割后的稻草是农村生态保护面临的一大难题。南京市清禾草制品有限公司董事长刘佳琼则变废为宝，用废弃的稻草，生产出坚韧密实的草垫。该产品适用于钢材运输，在钢材运输装载过程中起到一定的支撑及缓冲作用；也可增大摩擦系数，减少钢材与车厢底板的碰撞。这个新产品取代了过去以木材为原料的传统产品，既节约了资源，又降低了运输成本。

南京市溧水区一个绿荫环绕的村庄里坐落着一家稻草制品加工厂，这就是刘佳琼创办的南京市清禾草制品有限公司。刘佳琼介绍说，清禾草制品有限公司拥有7个分公司，子公司主要分布在安徽、江苏等地。公司与马鞍山钢铁厂、南京钢铁厂、上海宝山钢铁厂、芜湖新型铸管厂等十多家单位建立了长期合作关系。清禾草制品有限公司2019年销售草垫60多万条，今年的销售量有望突破120万条。

刘佳琼出生于霍邱县户胡镇的一个农民家庭，兄弟姐妹九人，懂事的她早早就挑起了家庭的重担。她贩卖过粮食，自学做衣服，开过服装店。1994年，身为打工妹的刘佳琼来到了南京。

“那时我很迷茫，不知道来南京做什么。”刘佳琼无奈地说。

刚到南京的刘佳琼获得一个消息，金坛东晋茶厂正对外承包，她当即决定报名参加茶厂承包拍卖会。

“拍卖会很火爆，几百人不停地举牌。虽然我也一直跟着举牌，但是心里却没有底，不知道自己能不能承包茶厂，承包了之后能做什么。但自己顾不上那么多了，就想着承包下茶场，最后我成功地拍下了茶厂的承包经营权。”刘佳琼说。

面对300多亩郁郁葱葱的茶园，刘佳琼心头不由地涌起一阵喜悦。可

是刘佳琼哪里想得到，接下来她将面临一个巨大的挑战。

由于刘佳琼第一次接触茶叶，不了解茶叶市场，加上那时候茶叶市场刚刚开放，浙江、福建和安徽等地的茶叶大量涌入江苏茶叶市场，打破了本地茶叶的垄断局面。

“那时候茶叶很难销售出去，工人工资发不出，我就自己背着成包的茶叶到外面去卖。坐车没有钱，就用茶叶抵车票钱。后来茶叶虽然卖完了，但是钱也差不多花完了。”刘佳琼回忆说。

没钱坐车就用茶叶换车票，没钱住宿就拿茶叶抵房钱，没钱吃饭同样用茶叶换饭吃，渐渐地刘佳琼从中悟出了自己的销售渠道：以茶换酒。

刘佳琼说：“茶叶不容易储存，酒可以储存，很多酒厂我都去拜访过。我给酒厂茶叶，酒厂给我酒。就这样一年之中我上半年卖茶叶，下半年卖酒。”

刘佳琼慢慢地走出事业低谷，虽然获利不多，但这是她汗水与智慧的结晶。历经困难与挫折，刘佳琼变得更加坚强与执着。2004年，当茶厂生意红火的时候，刘佳琼接了一个钢铁运输缓冲层草垫制作的项目，她却犹豫到底要不要做这个项目。

刘佳琼说：“做茶叶生意这么困难我都挺过来了，也熟悉这个行业了。现如今要从事一个新的行业，我心里难免有顾虑。”

几度考察，几经思量，刘佳琼毅然决定放弃经营了十年的茶厂，开始了她人生中的第二次创业。

她风趣地说道："我从不服输，不碰南墙不回头，碰到南墙还是不回头。"

经过选址、建厂、添置设备，刘佳琼创办了南京市清禾草制品有限公司。产品很快问世了，可是新的问题又摆在了刘佳琼的面前：这种产品的销售具有一定的市场局限性。由于往常钢材运输都使用木垫，现在用草垫代替木垫需要有一个试用的过程。于是，刘佳琼来到上海铁路局，几经周折见到了上海铁路局有关负责人。她直截了当地对这位负责人说："我的公司是新企业，给我们一个机会，这样我们公司才能和其他公司比产品质量比服务。"

就这样，经过半年的努力，刘佳琼最终拿到了上海铁路局准入证，获得了新产品销售的通行证。接下来，刘佳琼与宝钢、南钢、马钢等十几家钢铁企业签订了常年购销合同。凭借优质的产品与完善的售后服务，越来越多的钢铁企业与清禾草制品有限公司成为合作伙伴，公司效益逐年增长。

# 圆梦路上拾荒人

## ——记北京聚龙伟创投资管理有限公司董事长　刘天虎

儿时的梦想很简单，有的人想要一本崭新的小人书，有的人想要拥有一件心爱的玩具，而刘天虎看着大人们骑着摩托车却羡慕不已。对于一贫如洗的他来说，拥有一辆摩托车的愿望似乎很奢侈。而怀着这一梦想，刘天虎踏上了北漂之路。

刘天虎家住霍邱县马店镇。2000年，17岁的他初中毕业后，便跟随着表哥来到北京。面对车水马龙、高楼林立的大都市，他感到茫然，不知道该做什么工作。一开始他想买一辆二手三轮车，帮别人送货。

"当时准备买一辆二手三轮车，但是拿不出买二手三轮车的90块钱。我只好去一家塑料厂上班，拿着9块钱一天的工资。"刘天虎回忆说。

刘天虎一算账，一天9块钱，一个月只

有270块钱，什么时候才能攒够钱买摩托车呢？于是他放弃了塑料厂的工作，去寻找更好的工作。然而此时他身上的钱都花光了，连吃饭都成了问题。

“我一天只吃一顿饭。记得有一次到朋友家，朋友问我有没有吃饭，我说吃过了。其实我没有吃饭，饿得难受，但又不好意思说出来，也不想跟人借钱吃饭。最穷的时候，10块钱我花了三天。”他回忆道。

北京的冬天，寒气袭人。虽然刘天虎没有棉衣棉被，吃了上顿没有下顿，但他却不停地在思考，不放过任何一个赚钱的机会。有一次他看见一个铁块掉进了河里，他终于有了赚钱的主意。

刘天虎回忆说：“那个铁块足足有十公斤重，那时不只我一个人看到了，只不过别人怕冷不愿下水去捞。因为我急需要钱，所以我就下水了。水非常冷，沾到哪儿就冻得红到哪。旁边老太太看着我，心疼得都要哭了。最后，我把铁块捞出来卖了34块钱。”

这34块钱就像一根救命的稻草，让刘天虎吃饭的事有了着落。而正是这34块钱让刘天虎意识到收破烂、捡垃圾也是一个不错的赚钱方法。虽然刘天虎对废品的价格、行情一窍不通，但他平时多留意收集信息，还经常到废品收购站询问价格，然后将废品种类及价格一一写在纸上装进口袋里随身带着。

“之后我就到居民区、胡同里收破烂，有人卖废品我就把兜里的纸条掏出来看看价格。比如说铁能卖两块钱一公斤，我就一块八回收。”他说。

就这样刘天虎白天挨家挨户上门收废品，晚上出门捡破烂。

“那时候北京建筑工地比较多,晚上我就到工地捡破烂。渣土车一倒垃圾全是灰,但只要有东西可捡,我也就顾不了那么多。捡完破烂回来自己脏得只能看见两只眼睛了。”刘天虎说。

刘天虎不仅不怕脏不怕累,还很会做生意。有一次刘天虎看见街上师傅正在修电话线,就上前与其攀谈。由于说话投机,师傅把换下来的旧电话线卖给了刘天虎,这一次刘天虎赚了580元。

这更增强了刘天虎对废品收购行业的信心,也让他逐渐爱上了这一行。刘天虎将全部精力集中在废品回收上,每天出入于建筑工地及工厂等地,不放过任何一个收废品的机会。一天刘天虎听说附近一家药厂有废品要出售,但这家药厂管理严格,外面的人根本进不去,怎么办呢?

“我在门口待了一个星期,终于获得机会进到药厂里。发现厂里的废品根本没人收,人家却急等着清除废品清理场地。我在一天一夜之内将废品处理完,赚了1万多元。”刘天虎说。

随着生意越做越大,刘天虎专门买了一辆小货车运送废品,工作效率大大提高。一次偶然的机会他接触到一个旧楼改造工程,刘天虎想这个工程肯定有很多废品。于是他想方设法拿到该工程的管道更换项目,招来十多名民工免费帮助挖坑道,同时取出旧管道作废品回收处理。这看上去是帮别人免费做事,但实际上挖出的旧管道就是刘天虎的破烂“宝贝”。

2005年他创办了北京昌平物质回收中心,公司的成立给刘天虎的事业注入新的活力,刘天虎的生意日渐红火。他先后承接了中国航天城及周边工厂、建筑公司等数十家单位的物资回收业务,货场也由原来的几分

地扩建到几百亩。但让人没想到的是2008年北京奥运会前夕，正当刘天虎想甩开膀子干事业的时候，北京市为了保护环境实行了废品禁运，一时间刘天虎公司的废品大量积压。2009年禁令取消之后，大批量废品进入市场，导致废品价格一落千丈。

刘天虎的公司也受到了影响，他收购的废品大都是废铁烂铜，比如废品铜的销售价格为每公斤80元，这下子跌到了20元。眼看多年的心血即将付诸东流，这时他却做出了一个冒险的决定。

“我当时判断铜怎么也不会跌到每公斤20元以下，于是我把家里的钱全部取出来，专门收购废铜，全部存在手里。”他介绍说。

在废品销路不畅、价格走低之时，刘天虎却大量收购、囤积了大量的废铜烂铁。不久市场渐渐复苏，而刘天虎收购的废铜烂铁成了“金疙瘩”。这次废旧商品市场的变迁让很多人倾家荡产，而刘天虎却靠机智和果断在同行业中崭露头角。

为了让企业走上良性发展的道路，刘天虎对昌平物质回收中心实行规范化管理，广泛吸纳社会力量。近年来，刘天虎向餐饮业发力，创立了自己的餐饮品牌——“悦羊天涮肉”连锁店。他将在自主创业的道路上越走越远。

# 黎明的峰峦

## ——记上海黎峰保安服务集团有限公司董事长　刘传友

在上海，有这样一群人，他们不是士兵，却肩负着守卫城市的重任。他们不是警察，却承担着保护人们安全的使命。在国家会展中心，在迪士尼乐园，在体育场，在机场码头，在银行、金库等重要场合，都能看见他们的身影，他们就是黎峰保安。他们用身躯与汗水，筑成了一道道保障人们安全和利益的铜墙铁壁。

身手矫健，出拳有力，眼前的小伙子们，像往常一样正在进行着晨训。在经过一段时间正规的军事化训练以后，他们将奔赴安保工作第一线。

黎峰保安集团是上海市第一批准军事化管理运作的安保公司，而这家公司的创始人，就是来自霍邱县新店镇的刘传友。

刘传友出生在一个贫穷的农民家庭。2000年，迫于生计，他带着妻儿和东拼西凑的2000块钱来到了上海。初到上海，他在郊区租了一间门面开了个小饭馆，自己既当老板又当厨师。日子过得虽然辛苦，却还算安稳。可没想到饭店刚刚开业十个月，就要被拆迁了。

刘传友的第一次创业，就这样结束了。接着他在朋友的介绍下，做起了给人搬家的工作。给人搬家挣的是辛苦钱。有的顾客住的楼层比较高，搬东西上下楼梯的时候，刘传友就得手脚并用，一个台阶一个台阶地将行李一件一件地搬上搬下。每一级台阶上，都留下了他那瘦小却坚定、沉稳的脚印。

“有一次我扛着一个大冰箱顺着楼梯往下走的时候，因为鞋子里面全部被汗浸透了，脚下打滑，一个趔趄我差点摔倒。此时如果冰箱摔坏了，我得赔偿好几千块钱。这时候，我不假思索地把一条腿伸了出去，想挡着不让冰箱摔倒，冰箱重重地砸在我的脚上。冰箱没事，我的脚却被冰箱砸了，肿得像大象腿一样粗。”刘传友回忆说。

在身心俱疲的情况下，刘传友改行做起了保险。没想到保险却让他承受了更大的风险，甚至让他几年的辛苦和努力都付诸东流。

“刚开始什么也不懂，就盲目进入保险行业。我招来了6个人，不到半年就辞掉了两个，再后来又辞掉了两个。当我给最后一名员工发完工资，把他打发走的时候，我彻底崩溃了，趴在桌子上大哭了一场。”他伤感地回忆道。

铁血男儿也留下了泪水，这泪水是伤心的泪水，更是绝望、无奈的泪水。这天晚上，刘传友在海边坐了整整一夜，海水轻轻地拍打着礁石，海鸥在天空中低唱。想起这些年的努力与执着，想起这些年的坎坷与坚持，想起父母的叮咛、妻儿的嘱托，他意识到自己不能倒下，他要像远处的山峰一样高耸着迎接黎明的到来。

第二天，刘传友整理好心情，重新出发，去劳务公司找工作。然而当工作机会来临时，他却犹豫了。

刘传友说："当时我灵机一动，觉得做劳务中介是个赚钱的好门路。后来劳务公司安排我去工作，我决定不去了。我自己在旁边也开起了一个劳务所，自己当起了老板。"

对于劳务所来说，掌握用人单位的信息至关重要。这时刘传友又将他异乎寻常的吃苦能力和人际交往能力发挥得淋漓尽致，他每天蹬着自行车，到处寻找用人单位。劳务所生意慢慢地步入了正轨，再后来从一间不起眼的小门面，渐渐发展成为当地具有良好口碑且颇具规模的一家劳务中介公司。

2003年，一次输送保安的经历让刘传友的事业迎来了转折。这一次刘传友为一家用人单位招聘保安，由于缺乏专业知识和专业技能，刘传友带去的20个人中，只有2个人面试成功。这原本只是一次失败的工作经历，却给刘传友带来了很大的启发。

"招人的时候先对招来的人进行专业培训，特别是招来的人中有退伍

军人时，可以让他们充当教练对应聘人员进行现场培训，然后再将这些人输送到用人单位进行面试。这样送去的人基本上都能符合用人单位的要求。”他胸有成竹地说。

最初，刘传友这样做只是为了提高应聘成功率，可适逢改革开放，各行各业向着从无到有、从有到优的方向发展，保安行业也不例外。经过刘传友培训出来的保安极大地迎合了市场的需求。在他们第一次参加上海市的大型安保活动中，小伙子们飒爽的英姿、敏捷的身手、良好的专业素养吸引了众人的眼球，刘传友的保安队伍就这样一炮打响。

尝到甜头的刘传友，干脆专心做起了安保服务这个行业。就这样，上海黎峰保安服务公司应运而生。

上海黎峰保安服务公司的保安人员大多数为部队退伍军人。公司与多家部队签订了长期的退役就业合作协议，确保了公司人力资源不断得到补充。经专业特训后，他们能够熟练操作监控系统、各类报警系统、门禁控制系统等高科技现代化设备设施，成为文能机制灵活、武能英勇善战的新时代全新保安员。

公司专业从事常规及特种保安服务，实施军事化操作管理模式。公司不仅服务于上海地区的平安集团、万达集团、中国人民银行、浦东国际机场、中国大飞机制造、上海第一高楼、上海迪士尼乐园、上海豫园城隍庙等重要单位，还在国家会展中心、上海世博园等大型重要场所表现突出。黎峰公司立足上海，辐射全国，走向世界。经过多年的不懈努力，目前公司的业务已经发展到全国的15个省市38个城市，全国员工近万人，并成立了上海黎峰保安服务集团有限公司。集团成为下辖技防科技公司、物业管理公司、环境优化公司、企业管理公司、投资管理公司等全方位的、一体化的集成服务供应商。同时，公司为积极响应国家号召，已将业务拓展到了海外。

今天，黎峰集团俨然拥有了一支由具有新时代特色、忠于职守的警卫员，秉公办事的调解员，仪表端庄的礼仪员，和蔼可亲的服务员，临危不惧的抢救员组成的队伍。“黎峰”，正如一座巍峨的峰峦，在红日冉冉升起的黎明，耸立在东方！

# 拥抱“农业大数据”

## ——记北京飞富瑞科技有限公司总经理　刘顺国

当前北京市某农副产品流通市场使用了“肉类流通电子结算追溯票”。通过这张小票，监管部门、消费者可以全面及时地了解到所购买的肉类商品的生产、加工、流通及销售的全过程。

一张小小的票据汇集了商品的各种信息，这归功于物联网、云计算的农业大数据技术，而北京飞富瑞科技有限公司则是智慧农业领域的先行者。

近年来，瘦肉精、牛肉膏、染色罐头等事件让人瞠目结舌，食品安全越来越受到人们关注，怎样才能让人们真正吃上放心食品呢？飞富瑞公司总经理刘顺国介绍说：“以猪肉为例，在小猪出生时，养殖场就为仔猪打上耳标，建立养殖档案。耳标嵌有基于物联网技术的RFAD芯片，通过专业设备采集生猪哺乳阶段、保育阶段、生长肥育阶段的繁育、饲养、疾病防治、屠宰、加工、储运、流通、销售等所有环节的所有信息。在商品猪屠宰、流通、销售时，监管部门、消费者可以通过扫二维码查询肉类生产流通的产业链数据。”

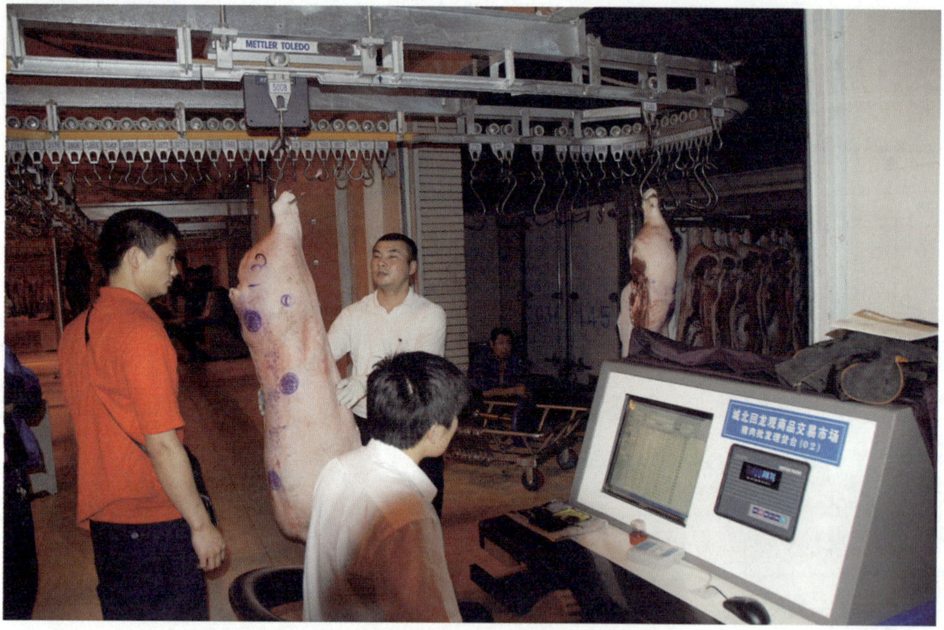


肉类流通溯源系统的使用是保护消费者权益不受侵害的有效保障。当发现产品有质量问题时，使用这一系统可迅速实现问题食品召回，将损害与损失降至最小。

农业物联网技术对农产品生产过程中的所有信息都进行采集汇总，打破了生产销售过程中原本孤立的各个环节，方便消费者了解食品的来源和生产等情况，让消费者吃得放心、吃得安心。

刘顺国出生于霍邱县石店镇，2002年毕业于北京工商大学工商企业管理专业，毕业后应聘到北京锦绣大地农业股份有限公司，成为一名市场招商员。

“我在做招商工作的时候，需要出去跑市场。当时我住在海淀区，每天要骑自行车近30公里，去北京各大批发市场招商。在北京像我这样能吃苦的北漂人并不算什么，最苦最累的还是农民兄弟。记得在招商调研中，我了解到老家自产的粉条，从产地运到北京农贸批发市场销售，一车货才挣两三百块钱，大部分利润都被经销商和仓储拿走了。这其中的原因就在于农产品流通领域的信息化程度不高、流通渠道不畅、信息不对称，农户的好产品却没有好市场。”他深有感触地说。

刘顺国和一群志同道合的年轻人一直在思考，如何让买卖信息更畅通呢？于是他们成立了锦绣大地信息中心。经过了3年的历练，刘顺国等人已成为国内农产品流通信息化方面的专家。2005年，他从锦绣大地信息中心离职进入北京农信通科技有限责任集团，继续从事农业信息化研究与市场拓展工作。

“2008年北京奥运前夕，国际奥委会很关心我国食品安全问题。恰逢北京市政府正大力推行食品安全溯源工作，我在农信通科技有限责任公司就着手研究农产品质量安全追溯问题。”刘顺国说。

在研究过程中，刘顺国等人学习美国、以色列等国家先进的农业生产经验，并在此基础上自主研究、攻坚克难，最终不辱使命，研发出国内第一批农产品追溯系统。在一次老乡聚会中，刘顺国与老乡朱迦南相遇了。两位年轻人对农业都有着深厚的情感，两人一拍即合，于2010年离职后一起成立了北京飞富瑞科技有限公司。

刘顺国介绍说：“目前农业信息化产业正处于朝阳期。举个例子，过去一个人只能喂几头猪，现在养猪场有上万头猪，不可能投入那么多的人力，这就需要信息化技术来进行管理。例如，如何根据猪的类别、年龄、季节、饲料性质和生理特点对上万头育肥猪进行分类和精细化饲养。我们运用

计算机技术建立一个数据库的模型，计算出一头体重70公斤的猪，每次饲料的投喂量为0.04×70=2.8（公斤），通过管理软件，联动终端物联网设备，就能精准地给这头猪定量投喂饲料。精准的日喂料量既能满足猪生长发育的营养需要，又能节省饲料，杜绝浪费；节省人力成本，提高养猪效益。”

通过使用农业信息化技术，农产品的生产效率大大提高。农业大数据的应用，让消费者能及时了解到农产品的所有信息，而这些信息数据对于国家进行宏观调控来说更是具有重要的意义。经过多年的努力，飞富瑞科技有限公司已成为国内领先的农业信息化服务公司，它不仅服务于北京约2/3的农产品市场，还为国内上百家农牧流通企业提供信息化技术解决方案，为国家肉类、粮油等战略物资储备提供安全管理等技术支持。

# 一顿免费的早餐

## ——记中华弘儒会会长　上海梦组合集团董事长　孙贵利

谁能体会到40多天没饭吃的无奈？谁能说世上绝对没有免费的早餐？孙贵利初到上海时，身无分文，饥寒交迫，46天的流浪生活几乎让他走到绝望的边缘。然而，一顿免费的早餐却点燃了他对生活的希望。

孙贵利家住霍邱县户胡镇齐王庙村。由于家里兄妹多、家庭负担重，孙贵利常常是吃了上顿没下顿。1993年，他以优异的成绩考取了开封大学，可是贫寒的家境让他为上学发愁。

“每天吃饭的时候，我手拿饭盒，站在食堂里远远地望着。等同学们吃完饭，我偷偷跑过去刮两下饭桶底，才能吃上两口。”孙贵利伤感地回忆道。

夜静悄悄。孙贵利翻来覆去睡不着，他的大学梦就这样被饥饿困扰着，无奈之下他不得不离开这座梦寐以求的校园。“当天晚上我没跟任何人说，收拾好行李，就来到开封火车站。”他说。

孙贵利根本不知道要去哪里，上了火车，听天由命。车到哪，人就到哪。在这宁静的夜晚，他梦游一般地跟着东去的火车来到上海，仿佛上海就是他命中注定的栖身之地。然而一阵凉风吹来，吹散了他的幻想，吹醒了他的梦。接下来的40多天里，他白天出去找工作，晚上回到火车站候车厅过夜，饿了就向乘客要点吃的。

孙贵利深情地说：“那段时间，我天天在火车站‘骗吃骗喝’。所谓的‘骗吃骗喝’就是寻找等火车的乘客，看他们在吃东西，就一屁股坐到身边搭讪。这些乘客一般都是年轻人，聊聊就熟了，然后请你一起吃东西，我也毫不客气吃起来。天天就吃些瓜子、饼干之类的零食，46天没吃过一粒米。”

40多天过去了。这天晚上，孙贵利和往常一样，回到火车站候车厅。一件意想不到的事情让他彻底失去了生活的勇气，饥饿、寒冷、羞愧交织成难以解开的心结。

“活又找不到，回家又没钱，也没脸回家。”他感叹道。

这天晚上究竟发生了什么？

孙贵利继续说：“那天我躺下来睡觉，我把鞋子脱掉放在坐椅下面。鞋很臭，我40多天没洗脚，袜子都能立起来。凌晨四点多钟，我被冻醒了，睡眼惺忪地低头一看，鞋子没了，感觉人一下子从脚凉到心，非常痛苦和绝望。这时，突然我发现有位老兄可能跟我情况差不多。他睡在椅子上，地上也有双比我

的鞋还破的球鞋。我下意识地穿上他的鞋，一溜烟就跑了，离开了那个伤心的候车厅。”

孙贵利跑到火车站对面的天桥上，静静地望着桥下穿梭的车流和远处闪烁的灯光，好像在等待着什么。

“我本想等车子开过来时跳下去，被它撞死就这样一了百了。”他伤感地说。

正当孙贵利恍惚之时，一股浓浓的早饭香气飘了过来，多么熟悉而久违的味道。他突然意识到，即使去死，自己也不想做个饿死鬼。于是他径直跑到天桥下这家早餐店吃早饭。

吃完早饭，到了该结账的时候，孙贵利望着这对老夫妻傻眼了。他拿出学生证，诚恳地说：“叔叔阿姨，我好多天没吃饭了。我不想白吃你这顿饭，可是我没钱，但我可以帮你洗碗。”

叔叔听了劝他道：“我们不用你洗碗，你去找工作。无论什么活都要干，只要给你饭吃就行，能活着比什么都好。”

阿姨装了两笼包子递给孙贵利，语重心长地说：“小伙子，我们不要你的钱。这些够你吃一天的，如果找不到工作，每天都过来吃饭。”

这是一顿不寻常的早餐，就像一根救命的稻草，将孙贵利从人生谷底拉了上来。这顿早餐也给孙贵利带来了好运，当天他就找到一份饭店服务员的工作。

孙贵利说：“这个工作来之不易，我非常珍惜。我也没地方住，所有的时间都花在店里了，我把饭店打理得干干净净、整整齐齐。仅仅一个月后，老板就把我送到广东参加培训，回来后让我在新开张的酒楼做中餐部部长。”

两年的打工经历让孙贵利的生活有了保障，也给孙贵利的事业带来了另一次机遇。一次和女友逛街时，在理发店看到的一幕让他有了新的想法。

他回忆道："我们到一家理发店里剪头发，等了一个多小时。在这段时间内，他们一会收十块钱一会收二十块钱，很快收了一二百。而我那时每月工资才450块，心想这生意真赚钱。当时女友让我学理发，我气愤地说，我堂堂大学生，开什么玩笑，要学你学。后来想想，我本身是个农民，学理发又有何不可呢！"

1995年，孙贵利在嘉定区江桥镇开了第一家理发店，生意十分红火。他趁势而上，仅用一年时间开了4家分店。经过20多年的发展，孙贵利各项产业蒸蒸日上。目前他已坐拥上海梦组合集团，旗下拥有上海梦组合美业连锁企业、上海贝利华商业地产有限公司、上海博海快捷连锁酒店和上海贵利投资管理有限公司等多家企业。

20多年来，孙贵利一直回味着那顿早餐的味道。如果说那顿免费的早餐在他心中播下爱的种子，那么这颗种子早已生根发芽，结出爱的种子。

2011年，事业有成的孙贵利终于实现了他多年的夙愿，创办了以"聚贤弘儒 ，爱满天下"为宗旨的中华弘儒会。他带领身边企业界朋友和爱心人士，倡导助人为乐的传统美德，传递爱心帮助更多人，先后给孤弱病残群体提供了百余次爱心资助，并通过霍邱县爱心公益助学协会资助了100名贫困生。孙贵利用行动诠释了爱的传承，让感恩不拒细流，让感恩常在，让感恩惠及你我！

# 钢铁在这里铸就

## ——记黄埔青少年军校深圳分校校长 安利虎

由孙中山先生亲自创办的黄埔军校为中华民族的统一大业做出巨大贡献，在中国历史上写下了辉煌的一页。虽然黄埔军校已成为历史，但是以爱国为主题的黄埔精神依然广世传承。黄埔青少年军校深圳分校正在为弘扬这种精神续写着新的篇章。

这里不是部队却拥有军营的文化，这里不是军营却有着军人一样的生活，这里是黄埔青少年军校深圳分校，来自香港的同学们经过数日的训练，正在这里进行结业演练。

说到黄埔青少年军校深圳分校，不免要说到校长安利虎。这位地地道道的庄稼汉能与军校结缘，这其中有着一段不平常的故事。

安利虎家住霍邱县冯井乡，初中毕业后就被当地派出所招聘为联防队员。1991年特大洪涝灾害，他家的庄稼被淹了，生活没了着落，安利虎便走上了打工之路。初到深圳，一切都那么陌生，安利虎整天为找工作四处奔波。

“头一个多月我一直在深圳流浪，那个时候一个月能挣100块钱就已经很好了。我记得一块五毛钱我用了三天。”安利虎回忆道。

安利虎是个幸运儿，参加工作后不久就被深圳宏大公司破格招聘为保安队长。这是一家台资企业，专门从事电镀抛光生产。安利虎很珍惜这份工作，认认真真做事，这些都被董事长看在眼里。

“当时我不认识董事长，无意之中给他开门时，他问我过去干过什么，我说在老家干过公安联防。”安利虎说。

简短的交流给董事长留下深刻的印象。没过多久，安利虎就被提拔为公司安保部门主管。

“怎么回事，好好地当着队长，怎么又叫我当主管呢？”安利虎丈二和尚摸不着头脑。

虽然当上了主管，但他对主管的工作是一窍不通。

这时经理告诉他：“食堂你要管，宿舍你要管，生产方面你也要了解，一问三不知可不行”。

安利虎是个做事认真的人，从普通打工仔变成公司管理人员，有很多要学习的东西，安利虎认认真真地从头学起。

“好多事情都要靠自己慢慢摸索，把要做的事情记在心里。比如，明天

要做哪些事，今天晚上我就会在脑子里把要做的事情认真思考一遍。”他认真地说。

由于安利虎虚心好学、聪明能干，工作表现出色，所以在短短两年的时间内，他先后从保安队长升职为公司保安部主管，再成为董事长助理，让人刮目相看。

“我是从农村出来的苦孩子，只知道实打实地干活。”安利虎说。

正当安利虎工作得心应手的时候，他却找到董事长说：“我家里有四口人，老婆孩子都要吃饭，这点工资远远不够，我想自己开个小厂。”

安利虎这一想法得到了老板的赏识，他不仅同意了安利虎的辞职请求，而且投资170万元，帮助安利虎创建了明威电镀厂。

梦想是美好的，可是现实总是残酷的。由于种种原因，安利虎的工厂发展得不顺利，安利虎创业的成功之路变得如此遥远。

十年来工厂搬了四次家，每次搬厂需要花费70万元，仅就搬厂址这一项就让安利虎损失了数百万元。

2008年，安利虎北上天津，与一位韩国朋友合作创办天津翟家甸海河电镀厂。他负责生产工作，韩国人组织货源。投产之际正赶上北京奥运会，北京市关闭了周边所有的存在污染问题的企业；合作的韩国朋友在金融危机的冲击下不再投资生产，资金来源和货源都又成了问题，新厂就这样倒闭了，安利虎损失了190万元。

安利虎不甘心，他再次回到深圳，在东莞黄江创办了一家电镀厂。可是不到一年，电镀厂因种种原因停办了。这一切并没有让安立虎停下创业的脚步，他再一次创办了深圳宏泰公司。

20年风风雨雨，安利虎品尝到创业路上的酸甜苦辣。正当他一筹莫展的时候，偶然得到了一条消信。2011年，原黄埔青少年军校深圳分校需要搬迁，因投资大、风险高，所以军校准备撤销深圳分校项目。安利虎得知这一消息后，紧紧抓住了这一发展机遇，多次与校方磋商，投资500多万元，购买场地、维修营房、增添设备，让这所学校重放光彩。

黄埔青少年军校是为配合中小学校进行爱国主义教育和国防教育，经海军部队批准筹建，并与深圳市总工会合作成立的深圳分校。该校占地百余亩，拥有完整的教学流程和完善的训练教学设施，拥有一支高素质的教官队伍和专业的军事理论教员。2012年新的深圳分校开营以来，培训香港、澳门等地中小学生1万多人次，2014年学校被深圳市罗湖区确定为青少年爱国主义教育基地。

# 开着大车闯宁波

## ——记宁波飞特汽车销售有限公司董事长　汤长伟

汤长伟原本是霍邱县自来水公司的一名正式员工，稳定的收入、舒适的工作环境令人羡慕不已。然而在市场经济大潮中，他不甘平淡，放弃了来之不易的“铁饭碗”，开着自卸车闯荡宁波。10多年来，他成功创业，拥有运输公司、房地产销售公司和汽车销售公司3家企业。

汤长伟家住霍邱县冯瓴乡。20世纪90年代末，他从部队退伍回到家乡后，在霍邱县城开了一家小餐馆。餐馆生意虽好，但收不回来的账多，小本生意经不起折腾，便匆匆关门了。接着他便到公交公司应聘当驾驶员，不到一个月就当上了车队队长。渐渐地他觉得公交司机这份工作并不适合自己，于是他来到上海打工。然而来上海不久后，汤长伟便接到退

伍军人安置通知书，他被分配到县自来水公司，汤长伟有了稳定的工作，再也不用东奔西跑了。正当他心满意足的时候，一次同学相聚让这颗刚刚平静下来的心又开始“不安分”起来。

2012年春节，在宁波工作的几个同学回到家乡。汤长伟从与老同学的交谈中得知，自己的工作虽清闲自在，但收入与老同学们的相比却有着天壤之别。

他回忆说：“我当时在自来水公司一个月工资只有500多块钱，一年也只有6000块钱的收入。而同学们在宁波买一辆自卸车，一年可赚八万块钱，这给我内心带来很大的触动。”

于是他向自来水公司提出停薪留职申请，东拼西凑筹集了20多万元，买了一辆自卸车。

“当时借钱时也有人不信任我，他们说万一我创业失败，拿什么还钱呢？其实我也做好了最坏的打算，我自己有7万块钱积蓄，如果一年之内创业不成，就把车子卖掉还债，回老家继续上班。”

就这样，汤长伟离开了县自来水公司，开着自卸车来到宁波。刚到这个陌生的城市，事事也并非尽如人意。有一次因为路不熟，运送货物晚到了半个小时，对方以未按要求时间到货为由拒绝接收货物，让他白跑一趟。

多少委屈，多少辛酸，汤长伟都默默地承受着。他带着妻儿住在不到十平方米的出租房里，起早贪黑地开车干活。

汤长伟回忆说："那时候我一个人开车比较辛苦。有时早晨出门干活，中午顾不上吃饭，晚上回到家才能吃上饭，一天只能吃上这一顿晚饭。"

汤长伟能吃苦耐劳，取得了十分好的收益，3个月以后他又买了第二辆自卸车。拥有两辆自卸车后，他开始琢磨着建车队、承包工程。精明能干的汤长伟在开车过程中时时留心、处处留意，不放过任何一个发展的机会。有一次他开着车，看见几个人拿着图纸看工地，好像在策划什么项目，于是就把车停在路边，上前和他们交谈："我是开车的，我还有一些车辆，这个基础工程我可以帮你做。当时这个老板看我比较诚恳，就答应把工程交给我做。"汤长伟说道。

汤长伟通过这个项目积累了承包工程的经验，很快他吸纳了亲戚朋友的20辆工程车，成立了汤长伟车队，承接宁波市各类基础建设工程项目。2014年他又注册了宁波市天天货运有限公司，参

与各类工程项目招标，先后承接了宁波市港口、高速公路、地铁及其他市政工程等工程项目，与此同时还成立了天天货运上海分公司。在短短几年的时间里，汤长伟的车队从拥有一辆自卸车发展到拥有各类工程车100多辆。

2008年汤长伟又注册了宁波市家大业大商业地产销售公司，主要开展商业楼盘策划与销售业务。

2009年，汤长伟抓住了宁波市工程车辆发展迅猛这一势头，成立了飞特汽车销售有限公司，通过分期付款方式，为安徽老乡提供资金、货源等一系列服务。

“在我的带动下，安徽在宁波的工程企业发展得非常快，有50%的工程车品牌，都是由我代理的。”他欣慰地说道。

如果说汤长伟初到宁波是为了赚钱，但随着企业的不断发展壮大，他开始积极投身于社会活动。这既帮助了别人又充实了自己，取得经济效益和社会效益的双丰收。

近年来汤长伟先后当选为宁波市环卫协会建筑渣土分会副会长、宁波市安徽商会副会长、2011年共青团安徽省委驻宁波工作委员会书记。在汤长伟的带领下，工作人员定期组织法律讲座，普及相关法律法规知识，开展专业技能培训，积极引导和服务创业青年融入当地生活，在法律维权、就业创业、青年联谊、关爱扶贫等方面发挥积极作用。

# 车轮滚滚伴我行

## ——记上海永来物流发展有限公司董事长　张永来

上海历来是商家必争之地，随着城市经济迅速发展，物流行业也日趋兴旺。张永来20岁便进入物流行业，伴随着滚滚车轮，他一路拼搏，一路前行。

张永来家住霍邱县宋店乡，因家庭贫困，小学尚未毕业便失去了继续上学的机会。他在兄妹四人中排行老大，年纪轻轻时便扛起了家庭的重担，帮助家人耕田种地，年复一年地辛勤劳动，却依然没有摆脱贫穷的现状。张永来想，作为老大，如果不好好干，那么以后弟妹们上学、成家都将是难题。

1991年，刚满十七岁的张永来来到上海，渴望靠打工改变命运。因为年纪小进不了工厂，只能帮人养鸭喂猪。张永来天性勤劳，在养猪空闲的时候到附近印刷厂帮忙做点事。他说："我看到厂里在装货或卸货时，就帮他们干，不要工钱。结果老板娘发现我很勤快，就让我进厂上班了。"

张永来从小就喜欢汽车，印刷厂有辆小货车，白天送货，晚上回到厂里。他一见车子回来就兴奋不已，总是将车子擦得干干净净。在师傅的建议下，厂里安排张永来跟车送货，从此他与车结下不解之缘。两年下来，张永来不仅完成了印刷厂送货的任务，还熟练掌握了驾驶技术。随着张永来逐渐长大，师傅关心他未来的出路，劝他买辆汽车自己跑运输，然而他却犹豫了。

"买车子我哪有钱呢？师傅说他先借1万块钱给我，我自己大概有两3000元，我爸爸又卖了一头牛，凑了15000多块钱，买了辆二手小货车。车买回来后，我什么活都接，别人不干的我都干，甚至帮运送建筑垃圾。经过一年半的努力，我买车的钱基本上就赚回来了。"

张永来在物流行业不断摸索，客户越来越多，路子越走越宽，赚的钱不仅还掉了欠款，还可用来购买新车。他靠勤奋闯荡市场，用真诚打动每一位客户，往往会得到意想不到的收获。松江一家钣金塑料成型公司准备常年用车，当时别人运一车货收600块运费，可张永来只收500块。这家公司的业务给张永来的物流事业带来长足发展。业务有了一定的保障，车辆也随之增多，张永来的车队从拥有一辆小货车发展到拥有10多辆汽车。2002年，张永来乘势而上，创办了上海永来物流发展有限公司，并投资创建了集办公、仓储为一体的永来物流园。

几年的拼搏让公司有了起色，但创业之路并非总是一帆风顺的。2008年的一场大雪给公司带来一定的经济损失，让张永来措手不及。

张永来回忆道："因为物流仓库要开铲车堆货，仓库里面的空间一般比较空旷，支撑仓库的柱子不是很多。当时雪下得很大，想到仓库可能要出问题，我三点钟就起床去了公司，一到公司就指挥员工搬东西。这时房子突然倒塌，两个员工被埋进废墟里。听到呼救声，我们用手扒东西想把人救出来，我十个手指甲拔掉两个，都没觉得痛，一心只想救人。人救出来之后，我在第一时间把他们送到医院。好在救援及时，这两个员工没有生命危险。在这次雪灾中，我们有3个仓库倒塌了，砸坏了电视机、空调等货物，赔偿客户的损失20多万元。”

虽然这场大雪给永来公司造成200万元的经济损失，但张永来在创业的道路上没有止步。

2009年结合虹桥机场建设，永来公司开始动迁。公司投资1亿元，兴建一栋办公楼和3万平方米的标准化物流仓库。近年来，随着冷链业的兴起，张永来将目光瞄准冷链行业。经过几年的努力，公司由传统物流向新型物流转型成功。

“到目前为止，我们自己的1万多平方米仓储已全部改造成冷库，又在嘉定和闵行地区拿到4万多平方米的库房，已建成的冷库近五万平方米。我们一直在发展壮大，不断地拓展冷链市场业务。”张永来说。

随着企业的稳定发展，张永来更多地关注家乡，积极配合上海霍邱经济文化促进会开展招商引资、服务家乡等各项工作，同时参与成立了浦江基金会，每年为家乡20名贫困大学生提供资助。2016年，他投资1亿元，兴建了霍邱永来物流园，开发电商平台，整合物流资源，为家乡企业的产品销售和农副产品流通助一臂之力。张永来虽然人在他乡，但时刻牵挂着生养他的土地。

# 印出多彩人生

## ——记上海永富印务有限公司董事长　张永富

"自信、乐观、努力、坚韧",这是身边的朋友对张永富的评价,但要问张永富对自己的评价,他总是会说:"热爱与责任。"说这话时,他的眼神总是很专注,对未来充满了向往和对今天成绩来之不易的感慨。

对于打工者来说,梦想莫过于拥有一份体面的工作。当初,张永富来到上海一家印刷厂当工人,面对又脏又累的活时,心里很不舒服,但没想到20年后,印刷成了他大显身手的事业。

张永富家住霍邱县宋店乡九里村。1997年,初中毕业后他跟随哥哥来到上海,渴望找到一份清闲自在的工作。没想到张永富好不容易当上一家印刷厂工人后,这里的工作环境却让他大失所望。

张永富回忆说：“当时印刷厂的工作制度是一个礼拜上白班，一个礼拜上夜班。刚开始上夜班时我很不习惯，加上印刷工作又脏又累，我想过放弃，但当时很难找到其他理想的工作，于是就这样将就干着。”

看到五颜六色的印刷品出自自己的手，张永富很好奇，渐渐地便喜欢上这份工作。他介绍说：“纸张从一张白纸变成五颜六色的图书，我觉得很神奇。上学的时候认为一本书是一页一页印出来的，其实并不是这样。它是一整张印刷的，从折页、侧切到装订，需要经过几道工序才能做出一本书。”

从印前排版到印刷装订，每个流程他都参与其中。经过半年的努力，张永富学到了印刷工作中的各项技能，成为小有名气的技术骨干，不久后就被另一家印刷厂聘为技术员。

张永富是个勤劳的人，在做好本职工作的同时，尽可能给自己增加工作量，从而学习到更多的印刷技术。印刷厂的上班时间为上午八点至下午四点半，而他早上六点钟就到厂里了，在保证正常上班的情况下，尽量

给自己安排其他工作,一直忙到晚上十点半才休息。他说:“我把工作做完,然后跟老板学管理,刚开始做两份工作,后来做三份。第一份是在印刷车间搞生产,第二份是帮老板做管理,第三份是学习制版。”

张永富爱厂如家,总是把厂里的工作当成自己的事来做。有一次,老板出差一个多月,他不仅带领工人完成印刷任务,而且把整个工厂管理得井井有条。张永富的生产技术和工作态度得到老板的赏识,不久就被提拔为厂长。

从一个普通工人变成印刷行业里的行家里手,张永富用了3年时间。从生产管理到业务销售,张永富样样精通,且收入也不断在攀升。但是张永富并不满足于现状,他带着更大的梦想来到一家大型印刷厂继续学习。

“本来应聘的时候想着是去做业务的,但是老板看到我的简历后,觉得我有管理的特长,就让我到车间管生产。但我还是积极要求做业务,因为我自己一直有个想法,就是想积累更多的业务基础,为以后创业做准备。”张永富说道。

随着张永富在印刷行业崭露头角,有的公司愿意高薪聘请他,有的公司则提出给他一定的股份,与他进行合伙经营,但张永富更想拥有自己的公司。就在他犹豫不定的时候,两位上海的朋友给了他很多的鼓励,甚至借钱支持他自主创业。

2004年,在朋友的帮助下,张永富筹资50万元,成立了上海永富印务有限公司。张永富业务精通、技术精湛,在他的管理下,公司运行得顺风顺水。可是随着科技的进步,传统的印刷行业受到很大的冲击,永富公司面临改造升级的挑战。2010年,张永富准备投入500万元,购买一套德国海德堡印刷机械。正在他筹措资金的时候,突然接到通知说,机器将提前3个月到货,这让他措手不及。张永富东拼西凑筹集了300多万货款,还差60万元货款没有着落,为此张永富寝食难安。

在一次饭局上,一位朋友问:“小张,你是不是有什么心事?”

张永富说:“您怎么看出来的?”

朋友道:“我觉得你整个人都不在状态。”

在朋友的追问下,他说出了事情的原委,而朋友爽快地表示:“不要紧的,明天我就给你转60万元。”

就这样，张永富排除困难，买下了新设备。

新设备、新工艺给永富公司带来新的活力。随着公司的不断壮大，张永富先后投入2000多万元，进行设备改造。通过几年的努力，公司拥有全新德国海德堡五色印刷机、四色印刷机、单色胶印机、高端CTP印前设备、折页机、胶装机、覆膜机、装订机、电脑程控刀、轧车等先进的设备，从印前、印中、印后等各个环节保证印刷品的质量。

2018年是永富印务继往开来的一年。张永富经过慎重的思考，决定向UV印刷行业进军，引进德国海德堡先进机型7+1 UV高速印刷机，同时配置先进的CTP系统以及切纸联动线，并配置相应的印刷管理人才，从而一举开启UV印刷全面生产的新局面。

“未来几年，我还要引进9+2印刷机，还要进行全张印刷。”张永富说道。他的脸上充满了自信与对未来的期盼。

“永富印刷精品，共创辉煌财富”是永富的企业理念，也是整个永富人前进的动力。这其中包含了“品质至上，合作共赢”的文化内涵，永富人正以高涨的工作热情，努力成为上海印刷行业的领头羊。

# 平凡之路

## ——记考拉木屋儿童家具品牌创始人　张文波

对于打工者来说，最迷茫的日子莫过于最初找工作的那段日子。张文波初到上海时找不到工作，整天在饥饿中度日。后来尽管有了工作，又换了工作，但他仍然找不到人生方向，不知自己的路在何方。

张文波家住霍邱县周集镇，父母以种地为生。在他的记忆里，家里总有干不完的农活，家人常年过着日出而作、日落而息的生活，自己也是小小年纪便跟随父母下地干活。

看着父母辛辛苦苦为这个家操劳，张文波萌生一个想法。

张文波说：“我觉得我这辈子不在农村，不种田就好。”

爸爸听了气愤地说：“难道你想上天不成？”

自此,张文波幼小的心灵便埋下希望的种子:发奋读书,有机会走出家乡去闯一闯。张文波学习成绩一直很好,他的理想是上重点高中,再考上师范学校,当一名教师。可是临近初中毕业时,他突然改变了主意。他说:"我考上重点高中需要上3年学,等我大学毕业至少得花七年的时间。家里本来就困难,花这么多时间和学费不是雪上加霜吗?于是我毅然决定外出打工。"

1994年,张文波怀揣梦想,跟随哥哥一起来到上海。他心想有哥哥的帮忙,凭着自己的满腔热情,找个工作不是难事。可是残酷的现实让他迷茫了。在很长一段时间里,张文波都没有找到工作。

就这样寻寻觅觅持续了1个月,张文波最终找到了一份清洁工的工作。虽然工资不高,但是对于这来之不易的工作,他倍加珍惜。然而工作了3个月后,他突然意识到自己不应该满足于现状。"我出来的时候是有梦想的,一是不要种田,二是要赚钱,要改变命运。这清洁工的工作不是我的梦想。"

在朋友帮助下,张文波进入一家煤炭加工厂工作。他因吃苦耐劳、勤奋努力的品质深受领导喜爱。工作刚满一个月时,有位工友离开了生产线。于是他找到领导，要求一个人做两份工作，这样每月的工资可从原来的500元提高到750元。

几个月下来，张文波积攒了2000多元，他“不安分”的心再次活动了起来。他想做水果生意，于是便跟在卖水果的大妈后面，一边观察一边学习。

了解到进货渠道和销售技巧后，张文波便辞去了煤炭加工厂的工作，做起了水果生意。他每天在市场上转悠，时刻留意市场动向，了解消费者需求。张文波无意中发现腊肉生意比较冷门，上海市场上基本上看不到卖腊肉的商贩。于是张文波抱着试试看的心理，运了几条腊猪腿到市场上卖。几条腊猪腿一早上就卖完了，一算账，自己赚了一两百元。

于是张文波在菜市场租下摊位，专门从事腊肉批发零售业务。在经营过程中，他考虑到老家腊肉货源充足、物美价廉，于是在霍邱县周集镇专门设立了腊肉收购点，购买腊肉并对其进行精加工之后运往上海销售。经过几年的打拼，他获得了第一桶金。 随着市场竞争越来越大，腊肉生意每况愈下，张文波也在寻找新的发展方向。2006年，张文波接触到沃克家具，经过周密的考察，张文波开办了一家家具展厅，代理销售沃克家具。

对家具行业一窍不通的张文波，从零开始，一点点地学习，脚踏实地地做好宣传、服务等工作。从开始一个月销售5000元，到几个月后销售额猛增到30万元，张文波的家具销售规模不断扩大。一年之内他创办了十四家家具店，经济效益逐步提高。2013年，张文波创办了上海沃康家具有限公司，创办了集生产和销售于一体的综合企业，重点打造考拉木屋儿童家具品牌。几年来，“考拉木屋”成为儿童家具行业一颗冉冉升起的新星。“考拉木屋”始终坚持专业化发展之路，以市场需求为导向，以人才培养为依托，以创新发展为动力，倡导健康家居文化，提高儿童生活质量，打造儿童环保家具的消费潮流。考拉木屋产品凭借巧妙的设计、新颖的款式、优良的品质深得消费者的喜爱。目前，考拉木屋已在上海红星美凯龙、月星家居、吉盛伟邦等家具商城，设立数十个家具专柜，并在杭州、南京、合肥等城市开设了20多家专卖店，创办了线上线下立体销售网络。

# “福音”来了

## ——记上海复音企业管理顾问有限公司董事长　张修成

在复旦大学美国研究中心，张修成正在查阅客户资料，安排布置近期咨询服务的相关事宜，上海复音企业管理顾问有限公司就坐落在这里。

这是怎样的一家公司呢？

企业在发展初期，一般开展粗放式经营，当企业发展到一定程度，形成了较大的规模时，就需要将先进的管理模式、技术和手段引入企业内部，对整个公司各大运营系统进行规范管理，以保证企业按预定目标顺利运营。张修成便充当了公司运营中的指明灯，他创办的上海复音企业管理顾问有限公司以复旦大学为依托，以管理咨询、营销策划、企业培训、企业运营系统搭建为主要业务，根据行业领域、专业领域和实际情况，为企业把脉、指点迷津，给企业发展壮大带来了“福音”。

张修成家住霍邱县夏店镇，1994年毕业于霍邱师范学校，是当年的双优生。他热

爱教师这个职业，毕业分配时他的理想是留在县城任教，但却没能如愿。

张修成说：“当时霍邱师范学校每一届只有两个双优毕业生，我便是其中之一。我自认为比较优秀，也为此感到骄傲。但是没想到毕业分配时，我一心想留在县城，却被分配到夏店中心小学，心里感到很失望。”

张修成在夏店中心小学一边教书一边学习。他热爱体育，在校读书时体育成绩就一直很好，曾代表霍邱师范学校参加省级比赛拿过奖牌。所以他想在体育方面有所发展，两年后他终于如愿以偿地考取了上海体育学院。

张修成原本打算毕业后回到家乡工作，但随着环境的改变，他认为上海有着更广阔的发展空间，因此他想努力创造条件留在上海。朝着这个目标，张修成一边读书一边勤工俭学，1998年正在读书的张修成自费在崇明岛创办了民办希望小学，两年内这所小学发展成三所学校，受到当地教育主管部门的赞赏。通过近三年的努力，张修成得到了原崇明县教育局和当地中学校长的赏识，于2001年9月通过人才引进，被招聘到上海市原崇明县崇东中学任教，接着又被调往杨浦区延吉中学。在做好教学工

作的同时，他不断学习，给自己充电，于2003年考取了上海师范大学研究生。

在一次聚会中，张修成遇到了一位来自河南的民营煤矿企业家，他的话使张修成产生了新的念头。"煤矿企业家说，我们就需要你这样的人才，有志气，有闯劲。后来，在他多次邀请下，我来到煤矿企业家煤矿进行实地考察。"张修成介绍说。

是继续当老师，还是到民营企业打工成为摆在张修成面前的难题。经过考察权衡之后，张修成最终选择了后者。

他说："我选择去企业打工，是为了给自己一个提升自我的机会。"

就这样张修成辞去了教师的工作，来到河南省平顶山市一家民营矿业集团做了高管。他边工作边学习，学到了矿业管理知识，积累了一定的企业管理经验。"两年以后我再次回到上海，带着艰苦奋斗获得的第一桶金，开始我的上海创业之路。"

张修成从平顶山回到上海，他要干什么呢？原来经过多年的打拼，在工作经验和创业资金上有了一定的积累后，拥有自己的产业便成了张修成的梦想。经过考察论证，张修成投资400多万元开办了一家西餐厅。然而张修成没有餐饮行业运营经验，西餐厅没多久就倒闭了。张修成看到地产经济发展迅速，于是创办了一家地产咨询公司。可是天有不测风云，2008年的金融危机使地产行业受挫，他再一次陷入困境。但张修成没有气馁，他于2008年年底再次创业，开办了上海复音企业管理顾问有限公司。

"这些年，在创业中我学到了很多东西，包括失败和成功的经验。总的来说，我对企业管理认识还是比较深刻的，加上我有办教育的经验，我觉得选择从事企业管理咨询，还是比较适合我个人的。”他胸有成竹地说道。

复音公司致力于开展银行系统培训，企业的战略转型、管理变革、资源整合和营销创新，企业内训、拓展训练、核心课程推广，企业教育规划与执行、企业营销战略与策划，企业管理模式与流程策划，企业品牌规划与推广，媒体资源整合与执行等方面的业务，涉及的领域包括银行、保险、电力、石油、矿业、制造业、通讯等。

# 苍松玉缘人

## ——记中国和田玉产业促进会主席 古道缘珠宝艺术品（北京）有限公司董事长　张德松

张德松小学二年级时，用一把多功能刀换取小伙伴的一块石头，这一换却换来了他与玉石的不解之缘，换来了张德松不一样的人生。

“我哥哥送我一把多功能刀，有叉子、勺子的那种刀，很漂亮。当时有位同学在玩石头，我对他的石头很好奇，于是就拿刀和同学换着玩。石头

一拿到手，我就觉得这块石头很滑腻。也许真的是玉石有灵性，从那之后我就一直和石头打交道。”他回忆道。

也许是因为缘分，当张德松第一次将玉握在手心的那一刻起，它的玲珑剔透和神秘感就让张德松着了迷。从那以后张德松便与玉石之间产生了浓厚的情缘，玉石成了他最忠坚的伙伴，成了他快乐的源泉，也成了他一生最大的追求。

张德松出生于霍邱县姚李镇莲花村，中学毕业后的他被安排到大顾店粮站工作。拥有一份令人羡慕的工作和稳定的收入，张德松感到很满足，但是他对玉石的这份痴迷始终难以割舍，工作之余总是走出家门，寻找玉的踪迹。

“只能去看，没钱买，那时候石头虽说便宜，但也得值好几十块钱。我一个月的工资也就几十块钱，一个月的工资买不了一块石头。”他遗憾地说。

当收入支撑不了梦想与追求的时候，张德松感到很茫然。一个月二三十元的工资仅够维持吃饭开销，他只能望玉兴叹。张德松想要赚钱，想要追寻一种属于自己的生活。在那个下海潮兴起的年代，他放弃了粮站工作，买了一辆货车跑运输。

一次去福建送货的时候，张德松机缘巧合下参与创办了霍邱县六小龄童方便面厂。由于缺少销售渠道和不注重品牌推广，方便面厂最终被迫关停。之后他又做过安徽国风建材代理商等多种职业，由于收入不高，张德松依然缺乏足够的创业资金。于是他决定放弃所有，只身一人前往新疆和田去寻找玉石。

20世纪90年代，张德松走遍了新疆和田一带的山川河流，发现和挖掘了一批玉石珍品。与此同时，他不断地提高自身的鉴赏能力和增加有关玉的知识。

张德松骨子里既有浪漫色彩，也有对现实的无奈。虽然为玉而来，但是他也将自己代理经营的国风新型建材带进新疆。他心里很清楚，多赚一点钱，就能多收藏一块玉石，自己就离梦想更近了一步。

由于张德松经营有方，第一年国风新型建材在新疆的销售额就有7000多万元。他乘势而上，第二年便在乌鲁木齐创办了自己的新型建材厂，主要生产销售塑料管材。短短几年，产品不仅遍布新疆，而且远销哈萨克斯坦等国家。有了自己的企业，张德松如鱼得水，一边做企业，一边投身于对玉的追寻。

在新疆的十几年的时间里，张德松几乎只收藏玉而不出售玉。他收藏的和田玉，大多为上品。经过多年的历练，他的玉石鉴赏能力也达到了相当高的水平。从小时候的感性识玉到现在的理性知玉，在这个过程中，他

品味出玉的珍贵，知道玉带来了宝贵的精神财富。

随着近年来玉石产业市场化进程的加快，他认识到玉石行业不仅是一个赚钱谋生的行业，还是一个广结善缘，提高人们文化生活品味，增进人们身心健康的行业。为了弘扬玉石文化，推动玉石产业发展，2007年，张德松毅然转让亲手创办的新型建材厂，只身来到北京，创立了盛缘玉器品牌。2010年他又注册成立了北京古道缘工艺美术品有限公司，专门从事和田玉的原料开采、设计雕刻、精品收藏和投资业务。如今，张德松是中国和田玉产业促进会主席、中国收藏家协会玉石委员会副秘书长、中国文化信息协会珠宝玉石文化专业委员会主任、古道缘珠宝艺术品北京有限公司董事长，先后出版了《天山情怀》《玉缘人》等书。他坚持君子必佩玉、以玉交友的宗旨，痴心于玉原石的浑然天成与鬼斧神工，积极参与玉文化的推广和保护工作，致力于推动和田玉市场的标准化建设，为推动中国和田玉文化产业的发展作出贡献。

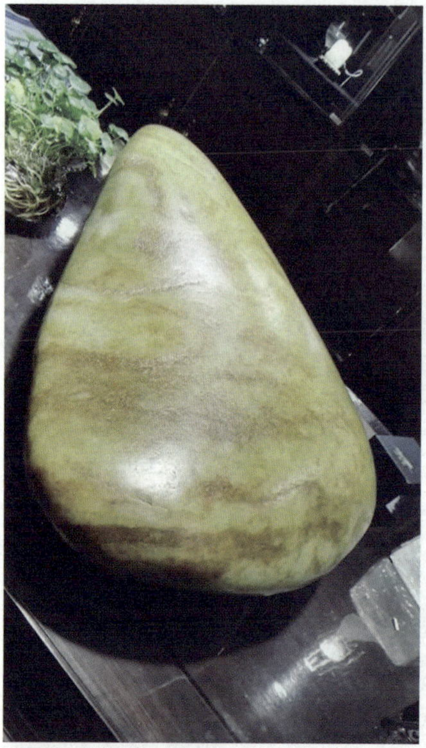

# 党旗下的追梦人

## ——记霍邱县驻乐清流动人口党委柳市支部书记 乐清市吉恒电气有限公司董事长　张纯贵

张纯贵万万没想到，他竟然在千里之外的乐清市找到了自己的“家”。多年来，在“家人”的呵护下，他积极向党组织靠拢，不仅拥有了自己的事业，还光荣地成长为一名党支部书记。

乐清是市场发育早、经济最具活力的地区之一，也是中国著名的低压电器之都，吸引了来自全国各地的许许多多的追梦人。

张纯贵来自霍邱县范桥镇，2000年，初中毕业的他跟随打工潮来到乐清。既没有学历也没有技术的张纯贵，每次找工作都被拒之门外，他只好从简单的活做起。2个月之后，张纯贵终于找到一份在电器厂上班的工作，聪明好学的他很快掌握了生产技术。对于这份来之不易的工作，他倍加珍惜，一是为了有个工作好养家糊口；二是为了多学技术，好有个前程。

“我们一线工人拿的是计件工资，有时不好做的或者别人不愿做的产品，我都拿来做。我能吃苦，干的活多一些，所以工资就高一些，一个月能拿三四千元，这对于我们打工族来说就很好了。”他深情地说。

张纯贵勤劳肯干，工作认真，不久便被提拔为质检员。6年下来，虽然张纯贵的生活过得衣食无忧，但毕竟自己还是一名打工仔。他看到周围的电器厂蓬勃兴起，心里也曾跃跃欲试想要创业，却因资金、场地、销路等问题，一直未拿定主意要不要办厂。

张纯贵妻子王庆凤说：“我老公一心想办厂，当时家里没钱，各方面条件也不成熟，家人反对他创业。”

“一次偶然的机会，我遇到霍邱县驻乐清市流动人口党委书记陈孝明，那时还是党支部书记的他鼓励我自主创业。”张纯贵回忆道。

得到家乡党组织的鼓励与支持，张纯贵打消了心中的顾虑，于2007年注册成立了乐清市吉恒电气有限公司。

从那以后，张纯贵无时不感受到党组织的温暖，他感觉这个党支部就像是打工者远方的家。他积极向党组织靠拢，经常参与党的各项活动，不仅帮助他人，而且自己也从中受益匪浅。霍邱县驻乐清市流动人口党委每月都需召开一次全体党员会议，许多老党员因为住得比较远、年纪大，参会不太方便，张纯贵就主动承担起了接送老党员的任务。

创业之初，由于招不到熟练工人，夫妻俩只好既当老板又当工人，加班加点自己干。后来通过党支部这个大家庭，张纯贵认识了不少老乡，平时在生活和工作中大家互帮互助,越来越多的老乡也主动要求来厂里工作。值得一提的是这个党支部还设立了法律维权工作站,专门解决各类法律纠纷,为老乡们排忧解难,维护民工的合法权益。张纯贵也是其中的一名受益者。

他说:“记得有个客户欠了我两年的货款,多次催要无果,我都想要放弃了。后来通过党委民工维权工作站调解,我如数讨回货款。”十年来,吉恒电气有限公司从家庭式小厂发展成为一家中小型企业,主要生产配电开关控制设备、高低压电气及配件,与巨邦电气、上海德力西电气、西武电气等知名品牌建立了战略合作关系,产品远销安徽、河南、四川等省。张纯贵不仅入了党,而且成为党支部的骨干成员。2015年,霍邱县驻乐清市流动人口党支部升为党委,张纯贵当选为党委组织委员兼柳市镇支部书记。他感觉自己的担子更重,责任更大。他多次组织开展禁毒宣传、普法教育和健康体检等活动,并且与当地党员群众融为一起,开展一些尊老敬老义务活动;积极吸纳更多的老乡投入党的怀抱,不断地加强队伍建设,维护党的形象,提高党的战斗力。支部还不断加强党员培训,积极组织上党课,完善学习日和民主生活会制度,增强党组织的凝聚力。

老乡张兵激动地说:“没想到在外打工也能入党,在组织生活中,能学到很多东西,思想觉悟明显提高。我平时积极参加组织活动,跟随张书记一道去帮助更多的人,我感到很自豪。”

从打工到创业,再到成为流动人口党支部书记,张纯贵在党旗下成长,沐浴在党的阳光下实现了人生价值。与此同时张纯贵也得到家人的理解

和支持，妻子王庆凤主动承担起公司的大部分事务，让爱人能够腾出更多的时间和精力为党工作，为远在他乡的人们带来更多的帮助。

作为儿子，张纯贵孝顺有加，尊敬父母、关心父母；作为丈夫，他爱护妻子、体贴入微；作为父亲，他以身作则，注重对儿女的教育，培养孩子形成节俭、谦虚、自强的良好品质，教育他们学会做人，学会做事，做一个对社会有贡献的人；作为党员，他严于律己，时刻牢记党的教导，努力提高自己的思想政治觉悟和业务技能水平，为成为一名优秀的共产党员而不懈努力。

# 书山有路“情”为径

## ——记安徽省儒林图书有限公司董事长　余伯成

30年前，人们总是把正式工作视为“铁饭碗”，只要拥有“铁饭碗”，便衣食无忧。然而当余伯成梦想成真的时候，他却犹豫了。

余伯成出生于霍邱县宋店乡，兄妹六人。他从小就立志当一名教师，他的学习成绩也一直在班上名列前茅，可是贫寒的家境根本不能供他继续上学，为此兄弟姐妹都自愿放弃了学业，省钱供他一个人读书。

1982年余伯成不负众望，考取了安徽师范大学中文系。毕业后他被分配到霍邱师范学校当了一名教师，实现了最初的梦想。

“虽然大学毕业后我有很多选择，但我依然选择了教师这个职业。我想回到家乡去教书，是因为家乡的师德模范影响了我。”余伯成说。

余伯成先后在霍邱师范学校及河口中学任教，几年下来虽然生活清贫，但日子过得其乐融融。然而看着父母逐渐老去，想想供他读书的弟妹

们的生活都很艰辛，余伯成心里有种说不出的愧疚，他想为家里做点什么。可是每月几十元的工资实在让自己无力承担家庭的重任，于是他产生了一个念头，想出去闯一闯。

“那个年代把铁饭碗丢掉，父母和亲戚朋友都是反对的，我自己也很矛盾。当教师是我的理想，但是工资那么低，靠什么养家呢。”他深情地说。

面对来自多方的压力，余伯成犹豫、彷徨，但是对生活的渴望让他还是作出了艰难的选择。1994年，他毅然离开了深爱的讲台，带着妻儿来到芜湖。

“当时芜湖有个图书文具公司，是集体所有制企业，效益一直不好。1994年5月1日，我承包了这个公司。因为我当过中学教师，熟悉中小学教材，于是我就想从中小学教材教辅做起。”他说。

余伯成以安徽师范大学为依托，动员安徽师范大学教师帮助编写教材教辅，通过多种渠道将教材教辅推广到全省中小学校。经过几年的努力，余伯成获得了第一桶金。1998年，他注册成立了安徽儒林图书有限公司，将公司从芜湖迁至合肥，公司主营业务从教材教辅出版转变为图书馆提供服务。

“当时全省要建立一批示范高中，而示范高中达标要求建立图书馆，九年义务教育达标验收标准也要求建立图书馆。恰好我是做中小学材料教辅业务的，做图书馆服务业务具有一定的优势。后来全省100多所示范高中图书馆藏书都是我配置的。”他自豪地说。

2000年机遇再次降临，全国高校开始扩招，专科院校推行专升本，本科院校面临教育质量评估，图书馆建设成为高校的重点项目之一。余伯成抓住这一商机，成立了300人的

销售团队，建立了信息化系统，设立北京、合肥、广东物流中心，采取网络信息化加物流配送的方式为高校提供服务。

与此同时，公司还开展图书馆全流程增值服务，实行信息化平台和图书加工的社会化运作，对所有图书进行书标、印章、磁条等物理加工，为图书馆提供信息服务，使图书进馆之后能够及时上架，减轻了图书馆管理工作的压力。

他介绍说："图书是统一发行的，你需要的书在市场上都能找到，但是这种服务是找不到的。在这个阶段里，虽然我们做的是传统的出版发行工作，但是我们在技术上已走在行业前端。"

在做好图书馆服务的过程中，儒林公司不断研究各高校的专业设置、图书馆馆藏结构和资源状态，开展专业书籍的出版业务，先后出版了文献类、学术类和文学类等类型的书籍，为高校提供更专业的图书服务保障。在短短几年时间里，儒林公司从安徽走向全国，成为全国知名的图书服务商，为全国3500多家高校提供过服务。

近年来，在各级政府倡导简政放权、转变职能的背景下，余伯成再次嗅到商机，成立了安徽儒林图书馆咨询有限公司，率先在国内开启了图书馆咨询服务，实现了图书馆市场化运行。

全流程的技术解决方案、全流程的业务服务设计、全流程的业务服务外包，从社区、学校、省市县图书馆到科技馆、美术馆、文化馆、博物馆等，均被纳入公司的业务范围，公司提供服务的单位有6000多家。与此同时，公司通过招商引资，集中打造图书馆、文化馆、博物馆、美术馆为一体的城市文化综合体。目前儒林公司拥有北京京城新安文化传播有限公司、广东儒林科教设备有限公司等4家企业，设立了29个营销中心，业务范围扩展到全国30多个省市，销售业绩稳居同行业前列。

漫漫书山路，浓浓儒林情。从弃教从商的那一刻起，余伯成不知付出了多少心血，有心酸，有无奈，有迷茫也有泪水。20多年风雨，余伯成华丽转身，他选择从事图书馆专业化营销工作，让儒林公司走向全国；选择从事图书馆加互联网专业化服务工作，成就了一个传统文化企业；选择科技与文化深度融合，走社会化、市场化之路，彰显企业发展的新活力。他靠勇气和胆识谱写了自己的价值篇章，用诚挚与真情演绎出精彩的智慧人生。

# 碧玉人生

## ——记上海子轩投资管理有限公司董事长　宋兴龙

有人因生活所迫远走他乡；有人因怀揣梦想一路奋斗。2002年，宋兴龙大学毕业后被推荐到安徽省农经委工作。即使在常人看来已是十分优越的工作环境，也阻挡不了他继续追梦的脚步。

2002年，宋兴龙毕业于安徽农业大学农业经济管理专业，毕业后他进入安徽省农经委工作。可是仅仅两个月后，宋兴龙就选择了辞职，带着读研梦来到上海，准备一边打工一边考硕士研究生。

“我当时什么也没有，路费还是跟弟弟借的，仅有的几件衣服都穿在身上，左手一个包，右手一个包，里面装的全是书。”宋兴龙回忆道。

随身带的两包书籍就是宋兴龙的全部家当。刚到上海时，他感到很迷茫，不知往哪个方向发展。好不容易在外企找到一份工作，由于自己英语口语不好，宋兴龙最终还是放弃了。

“虽然我是本科生，但是英语水平不高，有些东西能写出来却说不出来，或者说出来别人也听不懂。因为那时在学校发音学得不是太标准,导致我英语口语不好,所以不能胜任这份外企工作。”宋兴龙惋惜地说。

在辗转中,宋兴龙换了好几份工作,直到进入一家珠宝公司担任业务员,才算暂时站稳脚跟。

“在求职道路上,每当遇到困难和挫折的时候,我的内心深处有一种寻求突破和改变的信念。不管是否喜欢这份工作,我都得坚持做下去,以求能够养家糊口。”宋兴龙感慨道。

这是一家珠宝品牌推广公司,业务员的主要工作是每天早晨接受公司分配的任务,然后进行市场调研,晚上作汇报总结,以便公司据此作出产品定位和调整。尽管宋兴龙心里十分担心,怕自己做不好,但他还是接受了这份工作带来的挑战。

他说:“一些业务员在接到任务之后,找个休闲的地方一待就是一天,晚上回来随便上报几个数据交差了事。而我是脚踏实地地去调查研究,每天晚上都向公司交上丰厚的成果。那时候正是高温天,头上晒得冒油,

我干脆把头发剃了，告诫自己一切从头再来。”

踩着滚滚热浪，宋兴龙用脚步丈量着心中的梦想，用勤奋书写着傲人的业绩。仅用了半年时间，他便升为部门主管。之后他的职业生涯越来越顺利，两个月后他被提拔为经理。

“2003年，我每月收入可以达到10万元。那时发工资都是用现金，而且都是10块的面额，每次我都带个帆布袋去领工资。”他自豪地说。

在珠宝公司，宋兴龙找到了人生方向。渐渐地，他认识到珠宝玉器虽历经数千年的发展，但基本以手镯、观音佛像等传统款式为主。随着互联网时代的到来，人们个性化的需求越来越强烈，于是他产生了将传统工艺与现代技术相融合的想法。

“我觉得走创新之路，符合行业发展的方向。大家都在一个传统领域里竞争，市场越来越小，利润也越来越少。追求个性化发展，相当于在这个行业里另辟蹊径。”宋兴龙说。

然而公司却认为，这一创新从设计到加工制作存在一定风险，并不支持宋兴龙求新求变的想法。在这种情况下，宋兴龙选择了辞职。2005年，宋兴龙注册成立了上海市子轩投资管理有限公司，从事翡翠原石设计加工及终端销售等，并且将个性化产品推向市场。

“一开始时，因为这种个性化产品种类太少、宣传力度不够，所以市场反响并不好。后来，我们通过传统款式产品带动个性化产品的推广模式，宣传新产品，从而逐步使新产品占据市场主导地位。”宋兴龙深有感触地说。

十多年来，公司在宋兴龙的带领下，得到长足发展。他先后创办了上海吉昌珠宝有限公司、上海奥沙健身有限公司，在稳步发展珠宝玉器产业的同时，向健身产品产业迈进，各项事业都发展得风生水起。

宋兴龙在创业过程中也时刻关注家乡。2015年，他在朋友圈中看到一条动态：家乡有一段泥土路，一下雨就泥泞不堪，因而孩子们上学和乡亲们出行都十分困难。他当即与镇政府对接，决定出资50万元，将这条两公里长的泥土路修成水泥路。2017年，他还通过霍邱县爱心公益助学协会，一对一资助了17名贫困生完成小学到高中的全部学业。

# 乘风破浪开大船

## ——记扬州国盛船务有限公司董事长　陈家浩

十三岁，本应是在教室里读书的年纪；十三岁，本应是在青涩懵懂中成长的岁月。然而十三岁的陈家浩并不那么幸运，等待他的是意想不到的苦涩年华。

1991年，霍邱县遭受洪涝灾害，陈家浩一家深受其害。陈家浩面对天灾不得不放下心爱的书包，去上海讨生活。

那年他十三岁，拿走了家里准备盖新房的200元钱，和三个小伙伴一起从霍邱县王截流乡辗转来到上海，打算找活干。可是刚到上海时，其中的一个孩子以帮忙找工作为名，骗走了伙伴们身上所有的钱，这让剩下的三个孩子傻了眼。

“我们身上总共只剩四元钱了，雪菜肉丝面一元钱一碗，舍不得吃。半夜实在饿急了，就花了一元钱买个肉粽子，三个人分着吃。”陈家浩饱含深情地说。

第二天，他们到处找工作，到了晚上工作没找到，却已经饿

得走不动路了。这时一个小伙伴告诉陈家浩，垃圾堆里刚刚倒了一车苹果。

“我跑去一看，果然是苹果，但却是一堆烂苹果。当时也顾不上管苹果是好是坏，就用刀将能吃的部分挖出来凑合吃了。到了半夜，三个人全都闹肚子。”陈家浩回忆道。

后来，三个小伙伴好不容易找到份搬运工的工作，工资是一天三元钱。可坐公交车来回就要花三元钱，这样一天就白忙活了。他们只好跑步去上班，省下车票钱，美美地吃上了一碗雪菜肉丝面，这碗面吃得比年夜饭还要香。

三个小伙伴最后被家人接了回去。后来程家浩渐渐长大了，有一次他来到城关镇的姑妈家，对姑妈家的大船颇感兴趣。表弟还炫耀开船能挣好多钱，这让陈家浩心动。回到家里，程家浩执意要求父母买条船。妈妈拗不过他，专门回姥姥家借了9万元，在霍邱二里店船厂订了一艘水泥船。可问题来了，陈家浩从来没开过船，也不知把船往哪里开。

“那时候真是无知者无畏，船到手我就直接开走了。我看到沿岗河有条船一路向北，我心想，它到哪我到哪，于是跨淮河过长江来到了南通。”陈家浩回忆道。

到了南通，陈家浩一片茫然，看到别人运送黄沙石子，他就偷偷地跟着学卖黄沙石子。陈家浩租辆自行车跑码头、跑工地，到处寻找买家。他很快摸清了建材采购、运输和销售的全流程，准备大干一场，然而事与愿违。

“因船厂造船偷工减料，等到装满货时我才发现船体漏水。只好一个人舀水一个人倒水慢慢地排水，幸亏没出现大的意外。”陈家浩回忆道。

陈家浩在波折中度过了三年。1997年，受金融危机影响，建材生意每况愈下，他身背10万元债务回到家中。

陈家浩说：“我让我妈再为我借点钱。后来我花了28万元，又买了一艘600吨的二手铁船。”

这是陈家浩最后的一搏。可不曾想到这条二手船机器设备老化，经常出现故障，增加了维修成本。屋漏偏逢连夜雨，这条船又发生了一次交通事故，损失20多万元。

陈家浩的心彻底凉了，眼前一片灰暗，不知自己将何去何从。

“我把老婆孩子安顿好，一个人来到南京，租了一间房子，买了一个煤炉和一口锅过日子。外面过年的鞭炮放得啪啪响，我下碗面吃过之后，烧了满满一锅水。等水快烧开时，我一脚踢翻锅，然后蒙头大睡，以为这样可以让自己煤气中毒窒息死亡。可是第二天早晨睁开眼一看，自己一点事没有，”陈家浩继续说道，“正值大年初一，我用雪洗了把脸，打起精神，给家人报平安。我想，既然自己没事，那么在哪里摔倒就要在哪里爬起来。即使碰得头破血流，我依然要继续走下去。”

“我不是天生的王者，但我的骨子里流动着不让我低头的血液，百般磨难只是成功路上必需的锻造与磨炼。”陈家浩深情地说道。

凭着多年行船经验与对船的了解，他买下了人生中的第三艘船，也就是这艘船改变了陈家浩的命运。

“我第一眼

看到这艘船时，就有一种亲切感，好像这条船就是为我量身定做的。”陈家浩说。

靠着这条船，陈家浩还清了所有债务。2002年，他投入200万元，添置了一艘3000吨的货船。与此同时，他又投入500万元，自行打造了4800吨的货船。2008年，他注册成立了扬州国盛船务有限公司，主要从事造船、船舶运输及建材销售等。公司先后与武钢矿石、赤壁矿业等建立矿山开采、矿石运输等方面的业务合作关系，同时与国谭实业达成战略合作。近年来，扬州国盛船务有限公司在陈家浩的带领下，以崭新的姿势，跨过长江，驶入大海，向着更广阔的未来前进。

# “飘”在乐清

## ——记霍邱县驻乐清市流动人口党委书记　陈孝明

2011年，王心民在乐清市一家电器厂打工时，被机器碰伤胸部，花去一万多元医疗费，但这家电器厂一直在推卸责任，不给王心民赔偿医疗费。王心民很心酸，但也没有办法。偶然间，他听说家乡有个党支部在乐清，为外来务工者办了很多事，便找到霍邱县驻乐清市流动人口党委书记陈孝明寻求帮助。陈书记跑前跑后，找司法、找社保、找电器厂负责人，经过多方努力，事情最终得以圆满解决。

像这样为乡亲们排忧解难的事情，谁也说不清有过多少。但是大家都知道，有一面旗帜在乐清市高高飘扬，那就是霍邱县驻乐清市流动人口党委党旗。

21世纪初，随着打工潮兴起，霍邱县五万民工流入乐清市，仅范桥镇就有两万多人来乐清工作。当时工伤事故频发，各种矛盾不断产生，给两地的生活生产带来了负面影响，加强流动人口管理刻不容缓。为此，经县委组织部批准，霍邱县驻乐清市流动人口党支部在范桥镇成立了。

时任团结村党支部书记的陈孝明走马上任，这让家里炸开了锅。父亲要断绝父子关系，妻子闹离婚，陈孝明很无奈。原来他在担任村支部书记期间兼职农电工，家人在镇上开饭店，还拥有一辆合伙经营的长途客车，年收入少说也有20万元。陈孝明这样一走，所有的事便都顾不上了。

虽然家里的日子没法过，但乐清的工作不能不做。陈孝明来到乐清，找党员、建支部，摸排人口分布信息，了解打工人员的需求。在短短三个月内，便将流入乐清的40多名党员全部造册登记。这一年，计划生育、工伤维权、民工就业、扶贫济困各项工作进行得有条不紊。这一年，群众看党员，党员看支部，民心所向，党支部的凝聚力不断增强。然而一年的任期就要到了，是走是留，陈孝明再一次面临选择。

“党支部就是外来务工者远方的家，支部书记就是这个家的主心骨。

乡亲们信任我、需要我,我就有责任坚持下去。”陈孝明动情地说。

群众的事无小事,可家里的事同样让陈孝明牵肠挂肚。于是,陈孝明想到一个两全其美的办法,他让家人放弃家里所有的生意,在翁垟街道承包一家饭店,让爱人过来打理。这样生活既有保障,自己又能专心工作。开饭店的事都准备妥当了,可是妻子始终不接陈孝明的电话。陈孝明用借来的手机联系到妻子,他坚定地对妻子说:“有句古话叫‘嫁鸡随鸡嫁狗随狗,嫁个扁担抱着走’,你要愿意跟着我陈孝明,那有福同享有难同当;如果你不能跟我来乐清,我们以后各走各的路。”

这是和妻子最后摊牌,挂断电话后,他心如刀割,内心久久不能平静。

就在饭店开业的前一天晚上,陈孝明突然接到岳父的电话说:“孝明,你到车站接我们,我把女儿送来了。”

接到电话,陈孝明的眼泪夺眶而出。他万万没想到,岳父亲自把妻子送到乐清。这是老人对他的信任与托付,也是妻子对他的理解与支持。

夫妻俩一年的冷战结束了,可新的问题又来了。新开张的饭店投入10多万元,但由于人生地不熟,根本没生意,别说挣钱,就连基本生活都难以维持，妻子整天以泪洗面。

生活上不稳定，工作上也不尽如人意。没有办公场所，陈孝明就在自家饭店腾出一间房开展工作；没有经费，他就把自己每月5000元的工资当作经费。

乐清市是电器生产集中地，民营企业蓬勃兴起，不少老乡投资办厂获得了高收益。许多人劝他：你当支部书记有什么意义呢？工资这么低，凭你的能力投资办厂大有前途。

作为党员，自己的价值是什么，陈孝明心里有本账。他常说："我不是合格的儿子，不是合格的丈夫，也不是合格的父亲，但我是位合格的共产党员。"

正是这种舍己忘我的价值观，让陈孝明在支部书记的岗位上一干就是十年。2015年，霍邱县驻乐清市流动人口党支部升为党委，成立了四个党支部，建立健全了组织机构及各项规章制度，先后组建了工会、共青团、妇联、红十字会等群团组织，成立了流动人口计划生育协会、新居民调解委员会、民工维权办公室、法律咨询办公室、工伤消费维权服务站、党员自愿者服务队，利用党委+工作站+计生协会联合会+民非组织+健康教育基地+创业服务站六位一体的平台，为流动人口提供更多的服务。几年来，为在乐清市流动的安徽籍人口提供免费生殖健康体检12000人次，免费提供法律援助300多起，无偿调解大小案件600多起，挽回经济损失500多万元，

遏制突发事件30起，催讨欠薪260多万元。累计发放禁毒宣传资料5万多份，组织参观禁毒展1000多人次，帮助4名吸毒人员成功戒毒，积极引导居民参与公益活动，定期组织党团员、计划生育协会会员参加无偿献血和干细胞血样采集活动；先后培养入党积极分子86人，发展新党员20多名，党员归属感和群众认同感不断增强。党委、党支部及陈孝明本人先后受到省、市、县有关部门表彰60余次，同时受到中共中央组织部、中央党校调研组的充分肯定。作为党委书记，陈孝明始终保持和践行政治上的坚定性、道德上的纯洁性、纪律上的严格性和工作上的先进性，率先垂范，做好干部群众的表率。陈孝明一桩桩说到做到的事情，一次次惠及民生的行动，树起了党员的形象，陈孝明也因此被中共安徽省委组织部授予"先进党务工作者"光荣称号，同时被推选为安徽省计划生育协会副会长，中国共产党安徽省第十次代表大会党代表，六安市第五届第一次人民代表大会代表等。这些成长和荣誉的背后，凝聚着全体党员干部和群众同心同德、艰苦奋斗的汗水，更凝聚着一位好舵手——陈孝明兢兢业业工作的殷殷心血。他为党的事业殚精竭虑，不断追赶着心中的"太阳"，让一名普通共产党员的形象在人民群众的心里留下了深深的烙印，让一名普通基层党务工作者的光芒照得党旗更加鲜艳夺目。

# “漆”彩人生

## ——记广汉诺尔涂邦涂料有限公司董事长　陈守如

二十多年前，陈守如来到深圳一家油漆厂打工，从此与油漆结下了不解之缘。多年的奋斗与拼搏，演绎着他的七彩人生，这其中既有成功的喜悦，也有创业的艰辛。

陈守如家住霍邱县花园镇。中学毕业后，他买了一辆农用三轮车跑运输，日子过得不愁吃不愁穿。也许是为了更高的追求，也许是受打工潮的影响，20世纪90年代初，陈守如来到上海想闯一闯。但陈守如既没学历又没技术，始终未能找到工作。后来他又辗转来到深圳，却遭到同样的冷遇。几经周折，他终于在一家刚建成的油漆厂当上了品检员。正是这

份工作让他与油漆结下了不解之缘。陈守如非常珍惜这份来之不易的工作,潜心学习技术,时时刻刻做一个有心人。

"当时有位博士是我的老师,也是我的领导。从早到晚,他和我说的每句话、每件事,我在晚上睡觉之前都会回想一遍。"

由于陈守如工作用心,勤奋肯干,进步很快。仅仅用了半年的时间,就升职担任了品检部主管。他把心思全部都用在了工作上,为工厂的发展出谋划策。

"当时厂里只有成品品检,但由于原材料不同,没法控制成品质量,导致成品质量下降,所以我就提出了增加原材料品验项目。"陈守如说道。

陈守如不仅把好产品检验关,而且从源头把好原材料质量关,让品质检验渗透到生产的各个环节,使产品质量大幅提升。

虽然陈守如为工厂带来了很大的效益,但是因为受岗位的限制,他依旧拿着微薄的工资,收入和付出不对等。这让陈守如有了新的想法。

"对我们打工者来说,追求的不是高职位而是高收益,看人家做销售收入高,我也想换个岗位。"陈守如坦诚地说。

也许是因为陈守如在品检部门工作出色,工厂认为他更适合品检岗位,因此多次拒绝了他换岗的请求,于是陈守如离开了这家工厂。

带着油漆生产技术和品检经验，陈守如来到另一家油漆公司做售后服务，准备找机会再转做销售。谁料，就在他刚进入新公司不久，公司就遇到了一次突如其来的行业危机。

“当时正处于冬春天交替的时节，气温忽高忽低，产品受气温影响出现了质量问题，整个市场上的成品油漆全部都起泡了。我做品检因而对生产油漆各个细节都比较了解，最终用配方解决了这个问题。”他回忆道。

由于陈守如充分掌握了油漆的性能，把技术与销售有机结合起来，解决了经销商的后顾之忧，所以他顺利打开了销售的僵局，使公司产品销售有了转机。不久，陈守如作为人才被成都漆宝油漆公司聘为销售经理。在他的努力下，公司产品销售量实现了成倍增长。

陈守如度过多年的打工生涯，从普通工人转变为销售经理，让人羡慕不已，然而他自己却并不这么看。他说：“我天天跟老板们打交道，心里也想着自己做老板。”

抱着奋力一搏的想法，陈守如离开了漆宝公司，开始独立门户，创办了广汉诺尔涂邦涂料有限公司，专门研发和生产玻璃油漆。这是一项新技术、新课题，当时国内玻璃油漆技术尚未成熟，没有可参考的资料。陈守如凭借多年的经验和自己掌握的技术反复做试验、调试配方。

"当时产品没有开发出来，自己的资金又很少，投进去不见效益，我跳楼的心都有了，可上有老下有小，我死都死不起。"他伤感地说。

开弓没有回头箭，抱着一定要成功的坚定信念，陈守如一直坚持研究实验了半年，终于他自创的玻璃油漆研发成功。但是产品质量好坏不能由自己说了算，需要靠市场来验证。新产品没有知名度，消费者不敢使用，陈守如就把产品放在别人厂里，期望产品有机会能够被试用一下，好让人们对自己的产品有个了解。然而时间在流逝，陈守如的新产品依然无人问津。

"那年秋天，浙江的空气湿度很大，玻璃上有水，很多厂家的油漆喷上去会滑落。有个厂家突然想到我的样品，就试了一下，结果我的产品没有出现这样的问题，自此市场就慢慢打开了。"陈守如开心地说。

随着产品的影响力不断扩大，广汉诺尔涂邦涂料有限公司生产销售量逐年增长。2010年，公司投资1000万元扩大了厂子的生产规模。如今陈守如研发生产的彩色酒瓶玻璃漆，已得到茅台、五粮液、古井贡等多个知名厂商的认可。他对未来满怀奋斗的激情和希望。

# 小菜市大民生

## ——记湖州宇轩投资发展有限公司董事长　陈海军

提起菜市场，人们往往将其与脏乱差联系在一起，然而湖州市宇轩菜利多农贸市场以优美的环境、优良的产品，改变了人们的传统观念，赢得了消费者的赞誉。

走进湖州市宇轩菜利多农贸市场，仿佛置身于现代化超市。市场空间开阔、摊位布局合理、商品整洁有序，各种蔬菜瓜果在灯光映衬下新鲜诱人。市场工作人员正在对食品进行安全检测，前来购物的消费者络绎不绝。

说到这个农贸市场，不得不说说市场创办人陈海军。20年前，陈海军跟随打工潮来到上海。他做过服务员，当过装卸工，开过饭店，东奔西闯始终没有寻到安身之处。2003年，陈海军来到苏州吴江电器市场，代理销售即热式热水器。生意红火时，陈海军在吴江区有

20多家销售网点。可是这种热水器售后成本过高，一台热水器维修几次的费用就与销售利润大体相当，陈海军也就赚不到钱了，所以几年下来他依然两手空空。

2009年的一天，陈海军了解到朋友有一个厂房，由于环保不达标，工厂停产，厂房处于闲置状态。他多方考察，准备与朋友合作，将厂房改造为农贸市场。这是一处破旧且偏僻的厂房，院子里长满杂草。亲戚朋友一致反对陈海军这一想法，表哥郭仁袁也一再劝他放弃，但他依然坚持自己的想法。后来表哥眼看拗不过他，借了7万元给他，这给了陈海军创业的信心。

陈海军依靠借来的7万块钱起家，自己动手，从零做起，不断投入资金改造市场。可是3年下来，这个市场依旧门庭冷清。陈海军仍不气馁、不放弃，在摸索中生存，在困境中前行。

“以前从来没接触过农贸市场，摊位怎么布置，招商怎么进行都不懂。市场地段也不好，这一条街没有人气，而且离村办农贸市场比较近。两三年的时间，我陆陆续续投资了150万元。这些钱都是借的，只见投入不见

回报，所以那几年日子过得很艰难。”陈海军说。

虽然没有从这家农贸市场里获得相应的收益，但是陈海军仍受益匪浅。2012年，他获得了上海一家菜市场的经营权。靠着几年的市场管理经验，陈海军很快让这家市场转亏为盈。

陈海军介绍说：“上海浦东大道有个柳埠市场，效益一直不好。经人介绍，我于2012年接手这个市场，对其进行了重新规划和整修。因为我有三四年的市场管理经验，所以经营这个市场可以说是轻车熟路。这个市场的收益就是我挖的第一桶金。”

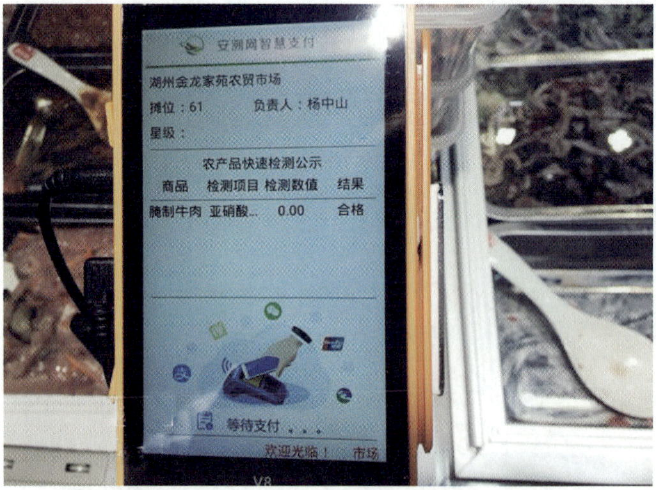


借助上海柳埠市场的成功经验，陈海军在市场管理领域越走越顺。接着，他创办了湖州市南浔农贸市场，这个市场的营业面积达2500平方米，投资近500万元。正当开业之际，有关部门以无照经营为由对市场下达了拆迁通知书。但是作为菜篮子工程，这个市场可谓是湖州市农贸市场的样板。后来经过多方努力，南浔农贸市场最终得以保留。与此同时，湖州宇轩投资发展有限公司成立。

随着人们饮食需求的不断增加，宇轩菜利多农贸市场如雨后春笋般遍布湖州市街头巷尾。市场内设食品安全检测室，配备先进的食品安全分析仪，能够快速准确地检测蔬菜瓜果农药残留和畜产品水产品中的有害物质。公司以近民、利民、便民为服务宗旨，积极为消费者打造一站式、多功能化的农贸市场。为促使农贸市场转型升级，树立新一代农贸市场的标杆，宇轩投资发展有限公司通过智慧农贸综合服务平台，结合实际信息产业需求，实现以销定产、北菜南下，创立现代农业的信息高地，运用智能化应用技术，提供消费者在平台下单、送菜上门的服务。十年来，宇轩投资发展有限公司以服务民生、满足民需、扩大消费、拉动经济为己任，不断完善硬件设施，不断增强服务能力，不断提高管理水平，因而获得了湖州市诸多奖项和殊荣。近年来，公司以浙江湖州为中心，将业务拓展到江苏苏州，安徽芜湖、安庆等地，先后创办了30多家连锁农贸市场，取得了良好的社会效益和经济效益。

小菜市带来大民生。宇轩投资发展有限公司丰富了居民的菜篮子，为广大消费者提供了便利，也给数百家商户带来商机。小小菜市场已成为经济繁荣的城市的一张名片。

# 从头再来

## ——记苏州德帝整木定制家居有限公司董事长　吴章仓

人生就像脚下的路，是一连串生活的体验，更是一次灵魂的远行。在远行的过程中，遇见迷惘，遇见失望，也遇见体悟生命的灿烂。20多年前，吴章仓通过努力，将日子过得越来越好。可正当生活顺风顺水的时候，没想到一夜之间，他多年的心血付之东流。这一夜究竟发生了什么？

吴章仓家住霍邱县石店镇汪塘村。初中毕业辍学在家后，父母为他买了一辆三轮车，让吴章仓做起了贩猪贩羊、卖菜的小生意。为了有个更好的前程，吴章仓卖掉三轮车，带着卖车的钱和同村好友一道南下至东莞。

到了东莞，卖车的钱全部花光了，吴章仓还没找到工作，全靠朋友救济过日子。这样的日子持续了两三个月后，经朋友帮忙介绍，吴章仓进了一家电器厂做搬运工，后来吴章仓又申请去厨房帮厨。经过几年的努力，吴章仓从学徒逐步做到厨师、厨师长。可是就在一天晚上，朋友带他参与赌

博，一夜之间吴章仓把多年的积蓄输个精光。一时间吴章仓心灰意冷，人生一下子失去了方向，整天无心工作。就在这个节骨眼上，他又突然接到岳母病危的消息，需要立即从东莞赶回老家。夫妻俩东借西凑了1000多元，坐火车回到家乡。那时从东莞到老家需要两三天时间，旅途漫长，到家后岳母已经入土为安。吴章仓在岳母的坟前痛哭流涕，久久不愿离去。吴章仓心里就像打翻了五味瓶，伤心、难过、郁闷、悔恨交织在一起。这些年岳母帮他带孩子付出了很多，就是希望自己能全身心地努力工作，有个好生活。只怪自己不争气，走上了赌博这条路，不仅没能尽到孝心，现在连老人最后一面也没见到。此时此刻，吴章仓暗暗发誓，让自己鼓起勇气，从头再来。料理完岳母的后事，吴章仓再也不愿回到东莞这座令他伤心的城市。

2004年，在亲人的帮助下，吴章仓来到苏州吴江，做起了橱柜销售工作。为了获得更大的利润，他边做销售边学安装。

经过几年的摸索，吴章仓逐渐对橱柜销售产生了浓厚的兴趣。2009年，他注册成立了吴江康尔斯特家居有限公司，开始了橱柜生产与销售业

务。创业的艰辛不言而喻，吴章仓既要寻找市场，又要负责上门安装产品。无论严寒酷暑，他都坚持早出晚归，挨家挨户地宣传推销自己的产品，从不放弃每一个销售机会。

为了开创实木家居新风尚，引领家居新潮流，吴章仓注册了苏州德帝整木定制家具有限公司。他介绍说："目前我们拥有专业的设计研发团队，先进的机械设备，多家直营店、加盟店，一个智能化生产厂区。一开始我们做的是中低端产品，但随着人们生活水平的不断提高，人们对产品品质的要求也越来越高，所以我们转型走中高端路线，得到了广大消费者的认可。”

辛勤的汗水再一次浇灌着吴章仓的梦想之花，多年的打拼让德帝公司初具规模。2017年，吴章仓投入大量资金，在安徽省六安市叶集区建厂，成立了安徽德帝智能家居有限公司，再一次扩大生产规模。公司采取自营销售与加盟代理相结合的办法，将产品推广到全国各地。

“不管怎样，整木定制毕竟是我起家的根本。这么多年，我做过许多的职业，打过工、办过公司，然而都不能让自己的事业更上一层楼。只有整木定制产业，让我在创业道路上越走越顺。”吴章昌感慨地说。

正是因为吴章仓从基层摸爬滚打做起，他更懂得创业的艰辛，更明白什么是感恩，也一直怀着一颗感恩的心回报社会。2012年，吴章仓投资兴建了安康（霍邱）养老服务中心，目的就是希望能为社会多作贡献，正能量也一直在“德帝人”中传播！

# 两次受挫后的奋起

## ——记东莞市蓝际光电有限公司董事长 吴勇兵

人生之路往往与挫折相伴，然而挫折对于强者来说，或许就是一块块垫脚石，是通向成功的一级级阶梯。吴勇兵在创业过程中，付出的不仅是汗水，还有心酸的眼泪。创业过程中的两次挫折几乎让他一无所有，但他并没有因此灰心气馁，反而变得更加坚强与成熟。

吴勇兵出生于霍邱县乌龙镇松树村。2000年吴勇兵初中刚毕业时，在东莞打工的母亲打电话让他去见见世面，这让没有出过远门的他兴奋不已。

吴勇兵的母亲在东莞市的一家激光电子厂打工，舅舅也在厂里做品

质主管。吴勇兵就利用暑假在厂里打零工,那时的工资是每小时十块钱。到了开学季,他原本打算回家读高中,可是吴勇兵最终决定留在东莞打工挣钱。

吴勇兵正式进入这家激光电子厂工作。勤恳的工作得到了相应的回报,短短三个月后,吴勇兵就被提拔为品质检测员,在不到一年的时间内便当上了生产管理组组长。在管理生产的过程中,吴勇兵意识到自己文化程度不高、管理经验不足的缺点,便买了一些书坚持自学。几年间他一边工作一边学习,掌握了企业管理、生产管理等方面的知识,通过学习充实了自己,提高了自身的工作能力。

"那时候我真的是春风得意,虽然管理着100多名员工,但管理工作我做得特别轻松。"他深有感触地说。

2005年吴勇兵应聘来到三星电子企业,做了一名部门经理。在三星电子,吴勇兵受益颇多,他学习了世界500强企业的管理经验和经营模式。由于三星电子原材料采购量大,原材料价格相对便宜,吴勇兵对此便多留了个心眼儿。他想:"如果能找到物廉价美的供货商,卖给其他公司,做激光产品元件贸易生意也是不错的选择。"

吴勇兵虽然有这样的想法,但是他已经习惯了朝九晚五的打工生活,对于离开工厂做生意心存顾虑。他说:"我不敢离职,我在厂里工作少说也有几千块工资,离职了我靠什么生活呢?"

但是想要获得更大的发展,就必须勇于放弃,出去闯一闯。于是吴勇兵一咬牙,毅然把自己推向市场,做起了激光电子贸易的生意。他把全部精力投入激光电子贸易中去,在不到一年的时间里便赚了12万元。2008

年7月的一天，一位朋友找上门来，要求他帮忙准备14万元的产品。他欣喜若狂，东奔西走，在不到三天的时间里就把货备齐了。

"我把东西打包好送上车，朋友说好第二天付我货款，结果一直联系不上这位朋友。然后我就去这位朋友住的地方找他，房东告诉我，一个月前他就搬走了。"吴勇兵回忆道。

吴勇兵傻了眼，意识到自己被骗了。

这14万元钱的损失几乎使吴勇兵倾家荡产，辛辛苦苦赚来的血汗钱就这么没了。但吴勇兵没有气馁，他重振旗鼓，将小舅子准备结婚用的3万元钱借来做本钱，重操旧业。由于吴勇兵勤劳肯干，在短短几个月的时间内就赚钱还清了债务，还买了车，生意日见红火。

一天吴勇兵接到一笔业务。"深圳有家公司要卖给我一批待处理的全新材料，8万元的货物，我只花了5万元就买到了。就在我沾沾自喜的时候，一位朋友向我打听这批货的事情，我这才得知原来这批货是有问题的。"

吴勇兵一下子懵了，原来这批货是骗子销赃给他的。骗子找不到，吴勇兵落得钱货两空。两次受挫使吴勇兵元气大伤，市场的残酷和创业的艰辛给吴勇兵好好地上了一课。

2009年，吴勇兵调整状态再次出发，正式注册了东莞市蓝宇激光科技有限公司，公司主要计划生产波长400nm~980nm的激光管、光纤激光器、激光模组及RGB激光白光光源。吴勇兵带着团队一路披荆斩棘，多少个夜晚一直忙到深夜。功夫不负有心人，公司运营越来越好，开始走上了正轨。2013年，公司从200平方米大小的小作坊里搬迁到1200平方米的工业厂房里，2016年又从1200平方米的工业厂房搬迁到5000平方米的高新

技术产业园区。

公司所生产的产品广泛运用于3D扫描、人脸识别、机器人视觉、激光雷达、安防夜视、人机互动、医疗、美容、理疗、军警装备、光通讯、激光切割、激光雕刻、激光印刷、照明、景观亮化、相机对焦、地质勘探、指示定位、光显、娱乐和光存储等领域,已经走在科技发展的最前沿。

十年来,蓝宇激光每年登上一个新台阶。2010东莞市蓝际激光有限公司成立;2011年公司成为中国经销、代理品牌最全的激光二极管经销商和代理商;2012年自主生产RGB激光模组,当年成为全国70%的舞台灯合作生产商;2013年蓝宇激光成为激光领域的知名品牌,并创立新品牌(唯安VIAN),成立研发团队,拓展海外市场;2014年公司研发激光检测、扫描类激光模组等应用,通过了SGS、BV、TUV等第三方机构认证;2015年公司研发红外激光应用,LIDAR激光器(人脸识别)结构光激光器;2016年公司与外企合作,共同开发激光面光源(VCSEL)、三维扫描、安防、人脸识别应用等优化升级产品,并取得多家客户的认可,年产值突破1亿元大关;2017年公司获得"广

东省高新技术企业”称号,同年还通过ISO9001 2015质量管理体系认证;2018年深度发展智能产品,机器人视觉、3D视觉、激光雷达、结构光激光器等产品获得业内客户的认可和好评,现在服务于多家世界500强企业和行业一线企业,如“360”“小米”“科沃斯”“创维”“海康威视”“大族激光”“伟创力”等;2019年公司开发红外激光传感技术,在大功率光纤耦合激光器的行业技术上获得了新突破。

吴勇兵创业不忘家乡,陆续投资5000多万元,在家乡建成了三个现代化畜牧养殖场。养殖场占地面积1000亩,年出栏生猪4万头,仔猪16万头。此外还建有温室大棚100亩,每年能够向市场提供有机蔬菜60万斤。同时在精准脱贫的基础上,帮扶贫困户30多户,保障每户年收入在30000元以上。

# 儿行千里

## ——记苏州市村夫农业发展有限公司董事长　吴配连

吴配连从小酷爱音乐，渴望在音乐之路上能有所发展。当年安徽省黄梅剧学校招生，他与之擦肩而过。后来又由于受生活所迫，吴配连不得不放弃最初的梦想。

吴配连说："小时候只要叫我唱歌，哪怕三天三夜不吃不睡，我都愿意。后来去当兵，部队每一次联欢会我都会参加，我还在我们连歌唱比赛中拿过奖。回到家乡后，我也曾想过走音乐这条路，可是经济条件不允许。"

吴配连最喜爱的一首歌就是《父亲》。每当唱起这首歌，他都会泪流满面，三十年前的情景就会浮现在眼前。那是吴配连1986年参军入伍时的情形，当时送行的人很多，他在人群中寻找着父亲的身影。吴配连看到父亲在人群后面默默地流着眼泪，他不禁放声大哭。在他的心目中，父亲是家里的顶梁柱，谁知这次送行却是父子之间的诀别。当六年后吴配连回到家乡时，父亲已不在人世，自己甚至没能见到父亲的最后一面。

吴配连家住霍邱县众兴集镇，兄弟六人。在父母的操持下，家里虽然不算富裕，但日子却过得其乐融融。可是当他退伍回到家乡时，一切都变了：父亲已经去世，兄弟们也已成家立业，他感觉自己落魄得像一个孤儿。

“我回来时没房子住，就住在老屋的侧房里。下雨时，外面大下雨，屋里小下雨，外面不下了，屋里还在下；睡觉时抬头看屋顶，还能看到天上的星星。但是我没有被这些困难吓倒，我认为这些困难都是暂时的。”他深情地回忆道。

不久，吴配连被安置在长集派出所里担任辅警，但稳定的工作并没有给他带来多大的安定感。吴配连有很多想法，他渴望拥有一份轰轰烈烈的事业。

梦想是催人奋进的动力，梦想是勇往直前的精神源泉。跟着追逐梦想的脚步，吴配连辞去了辅警工作，依依不舍地告别了母亲，来到苏州吴江。

初来乍到，吴配连并不知道人生的路该何去何从。眼看随身带的1000元钱就快要花完，吴配连甚至连吃饭都成了问题。这时好心的房东给了吴配连一块菜地，妻子将种出的青菜豆角之类的蔬菜挑到市场上卖钱补贴家用。

“有一次我干活回来，老婆拦在家门口，高兴地说：‘你猜我今天卖菜卖了多少钱？’我想卖5块钱就不得了了，卖菜能赚多少。她高兴地告诉我卖了8块钱。

那时候有八块钱的收入就很好了。”他说。

时间一天天过去，吴配连依然没找到合适的工作。他每天在外面转悠，渴望有所改变。后来吴配连发现当时吴江正处于建房高峰期，许多家庭选建欧式建筑。吴配连对建筑所使用的罗马柱等装饰材料很感兴趣，想从事这一行业。可是他对建筑行业一窍不通，一开始只会用棍棒或线绳丈量材料尺寸，经朋友指点后才知道要使用卷尺量尺寸。就这样吴配连慢慢地摸索着，想要在建筑装饰材料这一行业有所作为。

经过半年的努力，吴配连开发出一套新型欧式建筑装饰材料，成立了吴江特型材料有限公司，公司从一个人单打独斗很快发展到拥有一个30多人的施工团队。在施工过程中，吴配连偶尔接触到太阳能热水器销售行业，觉得这个行业有商机：有多少家需要装修，就有多少家需要太阳能。然而真正开始干销售后，吴配连却有些犹豫，他把太阳能产品宣传资料带在身上，一个多月也没敢拿出来。

“我去做装修的时候，不好意思推销太阳能产品，五次到客户家都没敢把资料拿出来给客户看。回家以后我就在想，要么迈出这一步，可能自己能有所收获；要么自己胆子小，不敢推销产品，那么以后就再也没有销售太阳能的机会了。经过一番思想斗争，我决定走出这一步。”吴配连深有感触地说。

然而第一次推销太阳能吴配连就成功了，这给了他很大的信心。但是更令他没想到的是，仅在这一个小区自己就销售了20多台太阳能热水器。接着他乘势而上，代理销售太阳能。两年间，这款太阳能热水器在吴江区的14个专卖店中，吴配连的销售业绩名列第一，且销售额超过其他13家专卖店的总和。为了寻求更大的发展，吴配连于2012年创办了魅力金座娱乐有限公司，并开办了与之配套的茶楼和餐饮店。2018年，他又注册成立了苏州市村夫农业发展有限公司，流转了300亩土地，大力发展种养一体化的高效生态农业。

2019年，吴配连以生态农业基地为依托，将村夫生态农业向纵深方向推进。他先后创办了村夫生鲜连锁超市和三婆娘老鸡汤餐饮连锁店两个品牌，仅半年时间内就有十多家店相继开业。

吴配连具备音乐天赋，为了发展自己的事业，他谢绝了许多演出的邀请。虽然在发展事业的期间他入围央视星光大道海选，但最终还是选择放弃了继续参加比赛的机会。每当吴配连唱起自己最喜爱的歌曲《父亲》和《儿行千里》时，他都有很深的感触。他说：“我父母已经给予我最重要的生命，所以我不会向父母索取什么，他们一辈子的担心和牵挂就是我一生最宝贵的财富。”

# 17岁少年的外婆桥

## ——记翼猫科技发展（上海）有限公司创始人　吴家乐

二十多年前，深冬的皖西村庄里，洁白的雪花飘落大地，成片的柿子树上挂着红彤彤的果子。湿漉漉的雾气中，一位少年骑着自行车，急匆匆地从泥巴路上碾过。路的那头有一条小河，河上只有一座窄窄的木板桥，那是去外婆家的必经之路。少年心急，木板湿滑，一个踉跄，少年连人带车，直接跌进了湍急的河水里。河水迅速浸透了棉衣，刺骨的寒意和漫过来的河水让人喘不过气来……这让二十多年后的少年回想起来，仍心有余悸。

“如果有座像样的桥就好了。”少年吴家乐这样想。

和所有的农村孩子一样，家住霍邱县岔路镇元圩村的吴家乐从小就很懂事。他不仅学习成绩好，点子也多，是十里八乡的孩子王。

无忧无虑的时光总是流逝得飞快。随着年龄的增长，吴家乐越来越真切地感受到家境的贫寒。每年开学的头一天晚上，他总能听到父母的争吵声。没钱交学费，母亲总会埋怨父亲；父亲反驳，母亲就忍不住委屈地哭出声来。家乐的学习成绩好，父母勒紧裤腰带也想要供他读个好大学，奔个好前程，然而家里除了两间土房外一无所有。面对此情此景，吴家乐心里犹如打翻了五味瓶，不是滋味。

“我成绩再好，也不可能走完上学的路。我每往前一步，都会让父母更加痛苦！我发现上学读书对我来说是一条死路，既然是死路，那就不如早点放弃。”吴家乐暗自思忖并下定决心，背着书包，拎着板凳就离开学校。

那一年，吴家乐才17岁。

初中未毕业的吴家乐，就这样早早地离开了家乡，踏上了谋生之路。他先后奔波于上海、合肥、深圳等地，经过两年的摸索，终于在19岁那年发现了一条生财之道。

20世纪90年代末，寻呼机正流行，吴家乐认为其中有商机，便果断踏入通讯行业。凭借聪明的头脑和过人的胆识，吴家乐的寻呼机事业很快越做越大。随后，他又亲自坐镇深圳华强北商业区，继续发展自己的寻呼机事业。就这样吴家乐一步步努力奋斗，将寻呼机销售业务逐步发展到全国，也就此赚得人生第一桶金。

虽然出身贫寒，但吴家乐却有主见、有追求，敢想敢干；少年得志，却沉稳老练。优秀坚韧的品格，为他日后的发展打下坚实的基础。

相较于现代通讯设备的发展历程，寻呼机的生存时间并不长。随着手机的兴起，寻呼机几乎一夜谢幕，退出市场。此时的吴家乐真正体验到了生活"一夜回到解放前"的那种苦涩。

随着科技进步，当年的山寨手机行业逐步发展成熟，向着自主品牌方向发展；智能手机的问世，给手机市场带来很大的影响；销售模式的变革，直接导致整个通讯行业重新洗牌。在深圳华强北商业区的吴家乐，在短时间内经历了通讯行业的变革，亲眼见证了电子产品的兴旺与衰败，同时也深刻感受到企业面临着巨大的风险与危机。今后的路该何去何从？他再一次迷失了方向。

"那时我看不到市场风险，当危机来临时，企业经营就一落千丈。在这种压力下，我开始学习，认识了我的导师，导师的智慧让我重获新生。"吴家乐深有感触地说。

中国民营企业战略导师刘军教师出身，经营企业数十年，全国企业家粉丝无数，开讲的课程一课难求。

正所谓听君一席话，胜读十年书。结缘刘军导师，让吴家乐受益匪浅。不久后，吴家乐再次作出了人生的第二次重要选择。他放弃经营十多年的通讯产业，加盟深圳福慧顺信息咨询公司，跟随导师刘军先生走上了传播企业文化新思想、新理念、新智慧的道路。

从学员到成为咨询师，再到成为省级市场代理，吴家乐用了三年时间，迅速走完了常人数十年才能走完的路程，一跃成为福慧顺集团总裁。

福慧顺公司坐落于深圳，面向全国，在企业管理培训的道路上建树颇丰。身为总裁的吴家乐事务繁忙，在帮人、助人和渡人的路上，他再一次完成了自身对事业、对人生的深度思考与升华。

有智慧、有格局是人们对吴家乐的赞誉。无论做什么，他总是对员工多有关照与提携。80后的他不仅实现了自身财务自由，还成就了数十位追随他的90后青年的人生，帮助他们实现了买车买房、在大城市扎根的梦想。

人生有梦就去追，但身体是革命的本钱，健康才是摆在第一位的人生要素，吴家乐始终这样认为。要做什么样的事业，实现健康与财富共赢，让更多人受益，这是他一直在思考的问题，也是他想要去完成的一件事。

经过多方协同努力，2016年3月，吴家乐与公司四位创始人共同创办了翼猫科技发展（上海）有限公司。他再次调整了自己的人生目标。

翼猫科技发展（上海）有限公司坐落于中国上海，企业战略定位为互联网+大健康产业，依托互联网技术，对健康产业进行了深度整合，并在商业模式上进行了大刀阔斧的改革。公司首发产品智能净水系统一面市，便引爆了大健康产业全国大规模的创业浪潮。在短短几个月的时间里，翼猫科技就完成了全国27个省级、400多个市级，近2000多个区县级市场的代理开发。

翼猫智能净水系统与精准传媒深度合作，采用“0元供机，续费使用”的新营销模式，让净水设备褪去贵族外衣，真正走进千家万户。翼猫科技还在全国安排了万名服务工程师，结合物联网大数据以及云计算技术，解决了净水滤芯“什么时候换，怎么换，由谁来换”的行业痛点。

经过三年的飞速发展，翼猫科技进一步完善了生态产业链，公司健康食品、生物理疗、早期疾病筛查、食材安全净化等项目相继问世，并获得了巨大的成功。

从19岁创业到20多岁实现财务自由，再到30多岁成为年轻的80后总裁、健康产业领导者，在商海沉浮数十年，脚踏实地、敢想敢干的吴家乐为自己的人生写上了浓墨重彩的篇章。

山，还是那座山；河，还是那条河，风雨兼程20年，吴家乐没有忘记家乡的一草一木。2017年吴家乐回到家乡，看到那座令自己印象深刻的木板桥，当即决定出资20多万元对其进行重建。这为乡亲们出行带来方便的同时，也圆了他心中的梦。

少年稚嫩路难行，风雨飘摇心苦涩。

泪别故乡寻梦去，酸甜苦辣皆尝尽。
商海沉浮二十载，浓墨重彩话江湖。
人间真味意难忘，义薄云天永流传。

# 闯码头

## ——记上海星吏能源科技有限公司总经理　肖　岩

位于上海市宝山区的集星众集装箱服务有限公司，是一家占地5万平方米，拥有集装箱堆存、维修、翻新等业务的综合性集装箱服务公司。而公司董事长肖岩原来是一名小学老师，因为种种原因他放弃心爱的讲台，带着创业心来到上海。

“当时得知上海有一个公司在招人，我思量了一下，在老家霍邱县乌龙镇教书每月只能领200块钱左右的工资，养家糊口远远不够用。但是这家公司开出的工资很诱人，每月有1000多块钱，相当于我教书半年的工资，能解决我全家老小生计问题。”肖岩回忆道。

带着这样的想法，肖岩于1999年兴冲冲地来到上海。然而没想到的是，他被现实当头泼下一盆冷水。这份待遇颇丰的工作原来是码头搬运。

“工作非常辛苦，生活十分拮据。15平方米的小房间住一家人。有时亲戚朋友过来暂住几天，房间就十分拥挤，地上睡的全是人。一间房一张床，最多的时候睡过六个人。我当时就在想，只要有信念、有想法，主动寻找机会，我一定能做出名堂，改变现状。”他说。

开弓没有回头箭，既然是自己选的路，硬着头皮也要走下去。然而由于自己身体瘦弱，搬运的工作肖岩做起来异常吃力，于是他被分配去做货物开箱之类的辅助工作。然而没想到就是在这辅助工的岗位上，肖岩迎来了发展的机会。

“美国一个国际验箱师来到我们堆场进行考察，当时我负责给他开箱门。在开箱门的过程中，他觉得我具备成为验箱师的潜质，于是就说要教我。当时的学费是一天8.3美元，也就是说我一个月差不多要交250美元给这个老师。这笔学费很高昂，我一个月的工资都不够付的，因此很多人都不敢尝试。但是我想，这可能是一个学习和翻身的机会，于是我毫不犹豫地答应了。”肖岩回忆道。

经过半年的学习，肖岩取得了国际集装箱验箱结业资格证书。当时在国内拥有该证书的人少之又少，而拥有这个证书就意味着拿到了集装箱行业的铁饭碗。集装箱验箱师在国内，在日韩甚至在欧美国家，都是一个热门职业。肖岩取得这个资格证书之后，月收入也很快涨到6000元以上。

“有人建议我带着这个资格证书去国外发展，我也去了一趟韩国，结果发现验箱师在国外依旧要做在上海所需要做的事情，并且一点也不轻松。从国外回来后，我就有了创业的想法。”肖岩介绍说。

创业并非想象得那么简单，创业者不仅需要具备熟练的专业技能，而且需要拥有雄厚的资金。肖岩虽然取得了验箱师资质，但缺少创业资金。为了实现自己的创业梦，肖岩加倍努力工作。别人打一份工，他就打两份；别人工作8个小时，他就工作16个小时。

“我可以做到24个小时不睡觉，在一家公司工作12小时，然后立即赶到另外一家公司继续工作。”肖岩说道。

功夫不负苦心人。三年后，肖岩首先注册成立了霍邱县诚信劳务服务有限公司。为了开展上海的集装箱服务业务，肖岩通过劳务公司从老家招收了大量的工人。2008年，肖岩正式注册成立了上海集星众国际货运有限公司。经过十几年的发展，公司已成为上海宝山区众多大型集装箱综合服务企业之一。公司拥有现代化集装箱堆场，经营范围包括集装箱仓储租赁、集装箱维修翻新和冷藏箱维护维修等。

为了集中优势资源，寻求更大的发展平台，肖岩于2018年正式加盟SHHD集团公司，出任集团公司总经理。该公司下属上海星吏能源科技有限公司、上海进道集装箱维修厂等。该集团公司主要经营海洋工程装备，拥有完全自主的知识产权、先进的专业设计团队、先进的设备配置、高效的生产队伍和完善的售后服务。近年来，SHHD公司海工服务模块销量一直保持世界领先及国内第一的地位。公司产品远销北美、欧洲、中东、东南亚、澳大利亚等地区和国家，并与多个国家和地区建立了长期的合作关系。在肖岩及同仁的共同努力下，SHHD公司将推动全球近海服务模块类产品向着更高的目标前进。

# 下岗后的奋起

## ——记江苏树德教育集团　常州德成物流有限公司董事长　何德成

常言道“时势造英雄”，若不是当年国有企业改制，何德成或许不会走上外出创业之路。从当年一无所有，到今天拥有多项产业，何德成经历了怎样的风风雨雨，品尝了怎样的酸甜苦辣呢？

1997年，22岁的何德成从西藏退伍回到家乡霍邱县花园镇，幸运地成为一位基层干部，在花园镇当了四年的村文书。2001年，何德成接到了转业安置通知书，他被分配到临水玉泉酒厂工作。怀着对未来的憧憬，他高高兴兴地去上班，可是一进厂才知道自己的月工资不足600元。何德成既要租房子又要吃饭，这么点工资根本不够用，每个月都要靠借钱过日子。

时逢市场经济转型，许多老牌国有企业的经营状况每况愈下，临水玉泉酒厂也不例外。这个曾经辉煌的酒业大企业，在改革浪潮中却成为连员工工资都发不起的亏损企业。

就这样挨了一年,何德成最终受生活所迫离开了家乡。当时的他眼前一片迷茫,先后去过上海、西藏等地,东奔西走生活没有着落。后来何德成东拼西凑筹集了20万元,在常州接手了一家饭店。然而饭店开张不久,就碰到了意想不到的事情。

"刚开始的时候生意并不好,后来刚有点好转,饭店就被拆迁了,亏了将近20万元。"何德成说。

刚刚起步的事业没了,这对何德成来说是一个不小的打击。2004年春节,就在这万家团圆的时候,何德成却一个人躲在出租房里不敢回家过年。

"那个春节因为手里没有钱,没有心情回家过年。没想到正月初七我接到电话,说母亲心脏病复发。还没等我回到家,母亲就去世了。"何德成伤感地说。在这本应享受天伦之乐的时刻,在这新春爆竹的余声还在耳畔回响的时候,何德成的母亲去世了,而他却没能见到母亲最后一面,这成了他心中永远的痛。

苦尽才能甘来,一年后在朋友的介绍下,何德成接触到运输行业。就是这个陌生的行业,给何德成带来生活的希望。

"当初运输行业门槛低,租间办公室、装部电话,我一个人就可以营业了。自己没有货车,就以做配载为主,从厂家那里拿到货运信息,再联系组织车队。"何德成介绍说。

隔行如隔山,由于一无车辆,二无资金,加上不熟悉业务,刚进入运输行业的何德成遇到了很多的困难。

"当时雪花啤酒厂在报纸上看到我的广告,就打电话给我,找我合作。我当时也没有考虑太多,就答应承接了啤酒厂的运输业务。第一次装了六车啤酒准备送往南京,每辆车子需要路费和油费500元钱。可是我身上没钱,发不了车。我在啤酒厂旁边转了一夜也没想到办法,第二天我老婆从她同事那借了3000多元钱给我后,我才敢发车。"

尽管困难重重,何德成还是迎难而上。第二年,何德成的公司参与雪花啤酒厂运输项目招标,以优质的服务、优惠的价格一举中标,再次成为雪花啤酒厂运输合作商。

"我拿下这个项目之后,借了七八十万,买了13辆货车,建立了自己的车队，想借此在运输行业站稳脚跟。”何德成说道。

有了自己的车队，何德成投入更大的精力，进一步发展公司。截至2006年，公司不仅负责雪花啤酒常州地区的运输业务，还负责雪花啤酒南京、苏州等地的部分运输业务，运输事业发展得如火如荼。即便事业在发展壮大，何德成也并没有停止自己前进的脚步，他又将目光投向民办教育。2007年，他创办了杭州良山学校。

2007年8月20日，杭州良山学校正式对外招生。凭借优越的硬件条件和优良的师资力量，杭州良山学校备受家长们的青睐。学校仅有1700多个招生名额，却有2500多人报名。2008年，何德成又创办了棕榈湾小学。

2008年，何德成回到家乡，投资3000多万元，兴建了霍邱县花园镇奶牛厂。由于设备先进、管理规范，所以多年来奶牛厂一直是伊利集团的合作伙伴。

经过几年的发展和整合，何德成把握住市场需求和发展机遇，使公司在原有的基础上继续发展壮大，拥有物流和教育两个主营业务。物流公司已经连续15年成为华润雪花啤酒的优质合作伙伴，业务量每年增加20%。目前公司已经拥有100多辆运输车和近百部叉车，员工200多人，年产值

3000万元；在教育方面，何德成在原公司的基础上，于2017年成立了江苏树德教育投资有限公司。经过几年的发展，江苏树德教育投资有限公司分别在广东、深圳、宁波、六安、淮北和宿州陆续投资运营近10所学校、学校在校学生近2万人、教师及管理人员1000多人，涵盖小学、初中、高中等阶段。其中2016年在宁波投资的纬赛尔实验学校以总占地面积100亩、建筑面积47000平方米、总投资近2亿元的高标准，成为浙江省一类学校。

何德成在发展公司的同时，还勇于承担社会责任，不忘回报社会。2016年他担任了花园镇关心下一代爱心协会副会长，2017年1月当选为常州市安徽商会常务副会长，2018年11月被推选为六安市在外人才协会常州分会执行会长。

立足诚信，是公司发展壮大的根本；务实创新，是公司在行业内树立品牌的基础；追求卓越，是公司不断取得成绩、不断超越自我的精神力量源泉；回报社会，是公司对员工和对社会不变的承诺！

# 远方的梦

## ——记北京奥易联合装饰设计有限公司董事长　何　涛

对于大学毕业生来说，最大的心愿莫过于找到一份理想的工作。可是十八年前，何涛却默默地将工作派遣证放进怀里，只身踏上了北漂之路，去追逐他远方的梦想。

何涛家住霍邱县城关镇，2001年毕业于蚌埠学院环境艺术设计专业。当时的大学毕业生由国家统一分配工作，何涛被分配到安徽省粮食局下属企业创元装饰工程公司（现为安徽省徽商集团创元装饰工程有限公司）工作。可是当何涛拿到工作派遣证的时候，他却犹豫了。

“学画画的人心比较野，不安于现状，加之我一直没出过远门，就很想去外面的世界看看。”何涛说道。

于是何涛放弃了正式工作,怀着美好的愿望来到北京,在老乡创办的家具厂找到了一份设计员的工作。

“虽然我是搞家具设计的,但每天我都要下车间看看,把家具的生产流程了解清楚,为我今后做室内空间设计打基础。”

何涛大学学的是环境艺术设计,他的梦想就是在室内设计行业里做出一番事业。因而他刻苦钻研,努力学习专业知识,在实践中锻炼自己,在生活中沉淀自己。两年后,为了学习掌握更多的室内设计知识,他决定离开这家家具厂。

何涛说:“是走是留?我当时很纠结。若选择留在家具厂继续上班,生活上可以相对稳定些,但是在设计领域里我只能成为井底之蛙。”何涛最终还是决定离开家具厂。

离开了家具厂,何涛先后在多家装饰公司做设计工作,但业务范围仅仅涉及一些办公楼、招待所的装修设计。2003年,他应聘到一家新加坡酒店设计公司北京分公司工作。进入这家公司后,何涛在工作方面可谓是如鱼得水。

何涛很珍惜这份工作,他刻苦学习,不断进取,很快便掌握了酒店设计的操作流程。由于何涛工作一丝不苟,又有着丰富的工作经验,他很快便得到了公司的重用。仅仅六个月之后何涛就被提拔为项目经理,被派往

厦门负责一个度假酒店的项目设计和施工建设工作。

“这个项目是由我亲手设计并主持施工的，让我收获了很多，一是使我掌握了酒店设计及施工建设的所有流程，二是我的能力得到公司的认可。”何涛说道。

厦门度假酒店完工后，何涛的业务能力得到很大的提升。由于他勤奋好学、吃苦耐劳，短短三年后，他升职为设计总监，全面负责北京分公司的设计工作，工资也由原来的每月2000元提高到3万元。正当他工作得心应手、事业蓬勃向上的时候，何涛突然决定离开这家公司，走自主创业之路。

2008年北京奥运会前夕，许多外国酒店品牌进入北京市场，酒店设计业务被外国公司所垄断。但外国酒店的设计仅仅是概念式的设计，在项目实施过程中需要根据我国的法律法规设计出可行的施工图纸。这一设计领域在国内还是空白的。何涛认为给国外的设计公司做配合，设计施工图纸，是一种新的机遇和挑战。于是何涛带领自己的团队配合原来自己所在的新加坡设计公司及其他外国设计公司，将酒店概念性设计图转化为符合我国国情的施工图纸，先后承接了北京万豪酒店和北京丽思卡尔顿大酒店的配合实施项目。

随后何涛乘势而上，于2007年注册成立了北京奥易联合装饰设计有限公司。随着公司业务的逐渐增多、专业技术日趋成熟，北京奥易联合装饰设计有限公司不再只做单一的配合项目，而是全面走进市场。

“从概念到实施，很多客户不再沉迷于找国外的设计公司，认为国内的设计公司一样能把事情做好。所以2010年以后，我们团队有了一个蜕变，即从配合别人做项目转变成做自己的产品。”

北京奥易联合装饰设计有限公司逐步发展成为国内一流的室内设计及精装修技术服务机构，先后与万豪、悦榕庄、凯悦、君华和费尔蒙等国际著名的酒店品牌合作，设计项目遍布北京、天津、上海、深圳和重庆等50多个城市。2010年该公司走出国门，顺利承接了德国法兰克福五星级酒店君华酒店的室内设计项目。这项工程的完工不仅得到国内专业人士的赞

许，还让外国人对中国的设计能力刮目相看。何涛深有感触地说："这个项目被中国人拿下来了，德国许多设计公司很不服气。然而酒店完工后，当地人从中看到了中国的特色元素，从而重新审视和了解了中国。"

近年来，北京奥易联合装饰设计有限公司紧密结合国家关于推进建筑工程信息化的战略精神，利用公司在精装技术方面的优势，抢占行业技术制高点。2018年在合肥成立了致力于开发建筑及精装修BIM信息系统及提供技术应用服务的科技公司，与中国科学技术大学先进技术研究院深度合作，共同开发基于BIM技术的装饰项目全生命周期技术应用平台，包括设计协调、实时渲染、项目工程管理及运维等全周期信息化应用及数据管理；并提供建筑三维数据获取、BIM建模及项目工程全过程技术应用和运维应用等技术服务。公司已在为包括北京大兴国际机场综合服务楼、杭州亚运会亚运村技术官员村等国家级项目提供服务。

# 浓墨重彩画人生

## ——记深圳大学艺术设计学院副院长　邹　明

坚韧不拔的胡杨、梦幻的江南水乡和浓墨重彩的都市景观。2015年以来，“墨彩行履——邹明绘画艺术展”先后在中国美术馆、江苏省现代美术馆、深圳关山月美术馆、东莞岭南美术馆、深圳大芬美术馆举办。“墨彩行履——邹明绘画艺术展”由写生路上、大漠胡杨、水墨水乡、综合绘画和都市水墨五个部分组成，展示的画作大多是邹明近年来的画作。

邹明，1955年生于霍邱县城关镇，1977年毕业于原皖西师范学校美术专业，1983年毕业于无锡轻工大学造型美术系，现为深圳大学艺术学部教授、俄罗斯列宾美术学院荣誉教授、中国美术家协会和中国雕塑学会会

员、南京书画院特聘画家、中国国家画院都市水墨研究所副秘书长、中国水墨画院学术委员会专家、深圳中国画学会副会长、深圳画院签约画家。

自1990年来到深圳后，邹明便与这座城市结下不解之缘。深圳给邹明带来创作的条件和灵感。自1991年起，邹明先后在国内外举办个人画展、参加联展几十余次，多次获得重要奖项，出版个人画集和专著十几部，多幅作品被中国美术馆等艺术机构和个人收藏。尤其是近年来，他一直坚持行走在写生路上，勤力创作了数百幅水墨写生，表现了一位艺术家的真诚与执着。

熟悉邹明的人都知道，行走远方已成为邹明近年来艺术生活的写照。从江南小桥流水到岭南客家风情，从大漠高原到漓江山水……常言说“读万卷书，行万里路”，而邹明则是“行万里路，画万卷图”。邹明用写生记录了自己对大自然的感悟，留下了他探索绘画之路的心迹。

在邹明看来，写生是践行绘画理想的一个过程：观景，动于心；写生，动于情；情景交融，借景抒情，方得写生之精神。

他说：“水墨写生，不只是表现物象，更重要的是表现造境。写生中的

造境来自自然物象，而如何将其转换成画面的气象则取决于自身的修为与发现。”

近年来，邹明将目光投向了大西北，尤其是新疆地区。自2013年以来，他每年都坚持去新疆写生，甚至一年内去三次；每次行程持续二十余天，足迹遍及天山南北。在这个过程中，邹明创作了不少精品，尤其是他的“大漠胡杨系列”，让人们体会到了天地事物苍凉、雄浑与凝重之内涵。水墨水乡是邹明绘画的另一大主题，这一创作主题的灵感源自邹明年轻时候在南方工作的经历。到了深圳之后，深圳画院提出的“都市水墨”也成为邹明创作的一大方向。

综观邹明的创作方向——乡居与都市，两种不同的景观交替出现在邹明近30年的创作生活中，构成其水墨创作的两大母题。邹明在创作和展示中，一直试着将两种不同的景观、不同的母题置于同一场景、同一空间结构中，使两者始终处于意义互补、相互生发的状态。

邹明称自己“一脚走在水乡中，一脚走在都市里”，他认为“生活中的老屋、老门、老墙和水乡本身就是文化载体，它们承载了太多的时光、记忆和故事”“这是一种情韵，一种心致”，直通“达观之境”；而对于都市，他则“尝试以批判的眼光去观察它们，以表现都市呼吸的节奏及韵律，表现自己对自然生态的思考”。

品鉴邹明的作品，时而仿佛梦入乡间民居，时而如在都市中游移徘徊。在技法上，邹明的泼墨、泼彩特色鲜明，依兴而为，随性而作，墨、彩与材料的自由组合，形成自己的图式。结构精谨而勾染宽博雅正，筑空灵精逸于古穆深邃之上，既悠游不迫，又气势雄浑。所有这些多样的元素，共同构成了邹明笔墨的美学风格。

艺术探索步履不停。时至今日，新水墨正以不可阻遏之势成为中国当代艺术的主体。它的新标准、新形态正寓于一波波的笔墨实验之中。作为新水墨画家中的一员，邹明以中西互融、古今互见的特色，开拓出了别具一格的当代水墨之路。

# 吃亏是福

## ——记宁波胜鹏运输工程有限公司董事长　范德鹏

俗话说吃亏是福,有时候吃亏未尝不是一种福气。在吃亏的背后,也许培养着日渐宽广的胸襟和愈发坚定的信念。

范德鹏创业之初, 20多万元的工程款打了水漂。面对这一损失,他没有绝望,而是打起精神从头再来。正是范德鹏这种憨厚坚韧的品性,为自己赢得了发展的空间。

范德鹏感慨道:“做人还是实在点好,我觉得最聪明的聪明就是实在。”

范德鹏家住霍邱县冯瓴乡马台村,初中毕业后他便走上了打工之路。起初他在上海做装修,后来家里买了一辆大客车跑客运,他自然当上了车老板。虽然工作没有远大的前景,但是范德鹏的日子过得顺风顺水。然而当范德鹏看到儿时的伙伴在宁波开工程车,逐渐富裕起来的时候,心里也开始有了想法。

他说："邻居里有十几个人都去了宁波，并且发展得很好，我非常羡慕。当时我和哥哥都被'拴'在大客车上，没有多大前途。我就跟我妈说，我想去宁波，我母亲听后也非常支持我出去闯一闯。"当时还是女友的妻子在深圳打工，也很支持范德鹏的这一想法，决定和范德鹏一起去宁波。

范德鹏东拼西凑借了十万元，买了一辆自卸车来到宁波。这对小夫妻租下简易房，用砖块砌成一张小床，把简简单单的生活过得其乐融融。

"我记得有天晚上，我拉了13车货，一车挣32块钱运费。我比别人多赚了不少钱，当时兴奋得到天亮都没睡着。"范德鹏回忆道。

多拉货就能多一点收入，范德鹏加班加点，埋头苦干。然而他发现光靠拼苦力，没日没夜地干活，赚的钱除去车辆维护费用和相关开支所剩无几。他看到周围的朋友组建车队承包工程，收益颇丰，于是便卖掉了自卸车，向亲戚借了40万元，买了一台挖掘机，组建车队承接工程。

承接工程的头一年，范德鹏从一位朋友那里承接了二手工程，说好年底统一结算工程款。可眼看就要到年关，自己还有20多万元工程款没有收回，员工的工资还没有发。范德鹏东拼西凑凑了一些钱，给员工们发了工资。工资发完后，自己连回家的路费都没剩下。

范德鹏回忆起当时的情景说："腊月二十九了，外面鞭炮放得啪啪响，我老婆抱着刚过周岁的孩子看着我说，她口袋里只有100多块钱，怎么回家过年？”

这时母亲打来电话说：“回来吧，先过完年再说。”

范德鹏：“我还有六七万利息还不上。”

母亲说：“我从你姑姑家借，等你结完工程款再还她。”

就这样他们坐上了最后一班宁波开往霍邱的客车，到家时已是年三十的早晨。这个年范德鹏过得很心酸。

过完年后，范德鹏再次回到宁波准备讨要工程款，可是对方早已人去楼空。尽管想了各种办法，还是找不到人。他只得埋怨自己信错了人，让自己白白损失了20多万元。

范德鹏说：“当时不懂得用法律保护自己，只能自认倒霉。觉得大不了自己多辛苦一点，钱还是能赚回来的。”

有一天，范德鹏找到了这个工程上游的老板，把事情的原委如实告知。没想到这么一说，却给他带来了意外的惊喜。原来这位老板觉得范德鹏能吃得亏，做事认真负责，便将工程直接承包给他。

2005年，范德鹏正式注册成立了宁波胜鹏运输工程有限公司，不久便承接了宁波东港波特曼五星级酒店4000万元的基础工程项目。该项目的顺利实施，让胜鹏运输工程有限公司再上新台阶，范德鹏也从中获得了第一桶金。在工程实施过程中，公司不断提高技术水平和施工队伍的协同运作能力。此后，公司先后承接了宁波万达广场、宁波日湖公园、宁波欧尚超市、宁波均胜·科技广场、宁波地铁以及市政工程等大型基础工程项目。14年来，公司已拥有自卸运输车、大小挖掘机、吊机、推土机、压路机和破碎机等车辆和机械设备100多台；员工200多人，专业技术人员80多人；全面经营仓储物流、园林绿化、市政工程、土石方挖运及回填业务。公司以科技先行、诚实守信、精益求精、合作共赢为经营理念，不断打造优质服务，树立品牌，为公司发展壮大打下坚实的基础。

# 人生“三味”

## ——记江苏三意楼宇科技股份有限公司副总裁　郑方位

有人说人生的味道是酸甜苦辣，而郑方位的人生“三味”却是选择、做人和感恩。正是因为他不断地品读着“三味”，人生才有了目标和方向，前进才有了热情和动力。

郑方位家住霍邱县夏店镇砖佛寺村，是村子里第一个考入城市学校的农村娃。进入原六安农业学校以后，郑方位倍加珍惜这来之不易的学习机会。2001年，郑方位中专毕业后，获得了南京农业大学经济管理大专毕业证书。此时他面临许多选择，有人聘请他当老师，也有人邀请他合伙办学，然而郑方位却有自己的想法。他想出去闯一闯，于是他带着美好的愿望来到昆山。

现实生活并非想象得那么容易。郑方位刚到昆山那阵子，居无定所，工作也无着落。他想去经营办公设备的科技公司工作，却接连吃了闭门羹。

他回忆道：“在遭到公司的两次拒绝之后，我实在没办法了，只好诚恳地跟老板说，别人拿800块钱的月工资，我拿400就可以。我可以只拿一月的工资做两个月的活。”

最终这家公司被郑方位的真诚所打动，录取了郑方位。郑方位十分珍惜这份来之不易的工作，他努力工作发传单，跑业务，然而收效甚微，连续三个月都没做出成绩。

“三个月的工作经历差点让我放弃自己，每天来回奔波实在累人，自己对产品专业知识掌握又不够多，工作效率和体力都跟不上。”郑方位说道。

坚持是低谷中的重生，坚持是磨难中的无悔。既然选择了这条路，就要坚定地走下去。郑方位始终坚持不放弃，他相信自己的努力终将有所收获。果然三个月后，郑方位的前期努力有了回报，源源不断的订单让他很快成为公司的销售冠军。之后的两年里，郑方位的客户资源越来越多，业务能力越来越强。于是他与另外两个朋友合伙创办了昆山奥利达智能办公设备有限公司，自己负责销售业务，两个朋友分管技术和售后服务。

郑方位充分发挥自己的专业优势，在智能办公设备领域不断进取。在他的带领下，公司不断发展壮大。2008年，随着昆山市外来人口逐渐增多，房地产业发展突飞猛进，写字楼、综合商业体如雨后春笋般涌现。然而楼宇智能化及消防智能化却跟不上发展步伐，存在不少问题。郑方位从中发现了商机，毅然把主要精力转移到楼宇智能化和消防智能化领域，并积极开展研发推广和销售工作。

为了寻求更大的平台，追求更广阔的发展空间，2008年，郑方位加入江苏三意楼宇科技有限公司，成为公司股东之一，并担任副总裁。十年来，公司在郑方位和伙伴们的共同努力下，发展成为以楼宇装备为主要产品，楼宇智能全行业发展的综合性企业集团，其经营范围遍及楼宇装备生产、电梯空调销售、消防设备销售、安装维修保养、公共安全系统设计、监理安装、房地产开发、物业管理等领域，并与万科集团、台湾乡林集团、中航集团、上海金外滩集团、昆山冠鼎集团等知名企业建立了战略伙伴关系。三意楼宇科技有限公司已成为昆山市建筑行业协会会员单位、昆山市勘察设计协会会员单位、昆山市安防行业协会副理事长单位、昆山市消防维保协会理事单位、苏州市特种设备协会会员单位。

郑方位在做好公司业务的同时，不忘回馈社会。他热心公益事业，扶危济困，于2015年组织昆山青商会资助了六安市金安区椿树镇100名贫困学生，把爱心带回家乡。郑方位也因此获得昆山市“慈善之星”的荣誉称号。他感慨地说：“我非常感谢家乡父老乡亲对我寄予厚望，也感谢我的母校对我的谆谆教导——读好书，为社会做贡献。选择、做人和感恩是我一生不渝的追求。”

志当存高远，
创业求发展。
月是故乡明，
千里指日还。

# 心灵的花园

## ——记上海心灵园林绿化有限公司董事长　郑新玲

有人说，心灵是座城堡，锁住了内心真实的想法。然而郑新玲却认为，心灵是座花园。多年来，她用爱心、耐心、细心和责任心让这片花园花团锦簇。

“我从小就喜欢花花草草，但从没想过要靠花草吃饭，只是单纯地喜欢。”她深情地说。

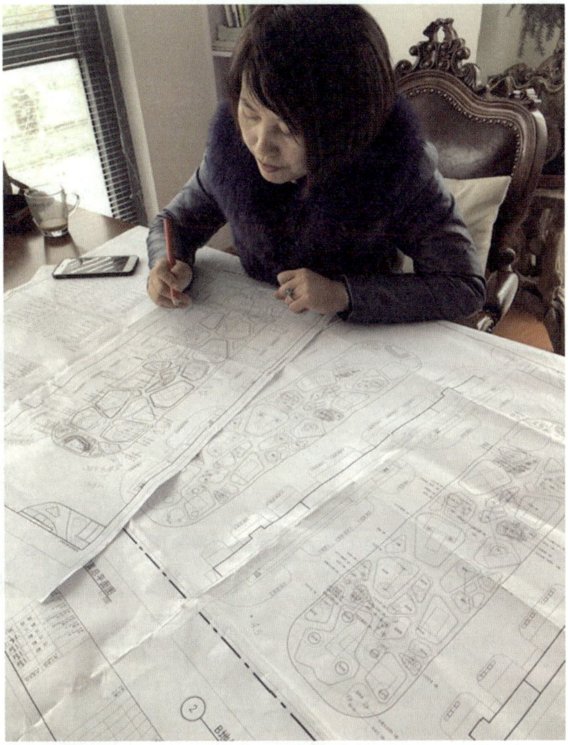

郑新玲家住霍邱县白莲乡。高中毕业后，她便自费来到合肥一家园林培训学校学习。这让原本就对花草感兴趣的她，对园林花卉有了更深的感知和更美好的愿望。1996年，她来到上海，希望能在这里找到理想的工作。

郑新玲回忆说："机缘巧合之下，我遇到台湾福宝科技股份有限公司的李教授，我成为了他的学生。福宝公司早期在上海做园林花卉业务时，正在招收学员，后来我成为这个公司的学员，在这里半工半读。"

所谓半工半读就是公司负责每月给郑新玲发300元工资，每天管她一顿午饭。日子虽然很艰辛，但郑新玲学到了很多东西。很多人说她白干活不拿工资，郑新玲却不这么看，她觉得只要能学到东西，再苦再累也值得。

一年的半工半读经历让郑新玲理论转化为实践的能力得到很大的提升。由于学习努力，成绩突出，她和另一位同事直接被公司聘为北京分公司经理。

经过半年的不懈努力，郑新玲将北京分公司务打理得井井有条。两年后，公司准备派她到广州分公司工作，但由于种种原因，郑新玲拒绝了，并主动提出辞职。她虽然失去了这份理想的工作，却开启了另一扇希望之门。

她向妹妹借了5000元，在北京燕莎市场租了一个摊位，开始了花卉批发业务。摊位虽小，但从进货到销售，郑新玲一手包办，创业的艰辛不言

而喻。

“我几乎每天都睡不足五个小时，因为有时飞机夜里到，我随时都要到机场去接货。燕莎市场凌晨三点开市，我每天就用三轮车拉着货到早市上销售。有时我还要到昆明、广州进货，摊子里里外外都需要靠自己亲自打理。”郑新玲深有感触地说。

摊位刚设好不久，郑新玲便接到了第一笔订单，客户要求打造一处屋顶花园，这是绿化行业的高级别项目。

接到订单后，虽然郑新玲努力工作，精心打造屋顶花园，但还是出现了失误。由于缺乏经验，屋顶花园工程忽视了防水工作，造成屋顶渗漏，泥浆倒流。郑新玲带着工人们一点点地将泥土从楼上运往楼下，再重新做设计，重新施工。虽然这个项目给郑新玲造成近10万元的经济损失，但她觉得从中获得了更多的经验，学到了技术。业主被她的工作态度和责任

心所感动，宽容和谅解了郑新玲的失误。这让郑新玲有了弥补过失的机会，也让她懂得在今后的工作中要追求精益求精。

凭着高度的敬业精神和良好的工作态度，郑新玲赢得了越来越多客户的信赖，业务范围拓展到企事业单位、政府机关的园林绿化及景区、市政绿化工程的专项设计与施工等。与此同时，她还兴建园林花卉基地数十亩。2012年，公司结合上海市闵行区青少年教育实践基地，将园林基地拓展到100多亩，苗木花卉品种增加到100多种。这不仅能满足青少年教学实践活动的需要，而且能为公司承接各类绿化工程提供了产品保障。经过几年的发展，公司业务遍及上海市青浦、奉贤、金山、徐汇、浦东和松江等区域。2014年，上海某航天城园林绿化工程竞标成功，让公司发展再上新台阶。多年的工作经验让郑新玲意识到，园林绿化工作不仅只包括前期的施工栽植，更重要的是养护和管理。公司紧紧抓住这一商机，大胆尝试，推出了花卉租赁及园林承包业务，以重服务、轻销售的形式，为客户提供优质的园林绿化设计、施工以及后期的养护与管理服务。

郑新玲不仅注重专业领域知识的学习，还注重创新。多年来，她把苗木花卉当成了一门学问、一门知识、一份事业。郑新玲在风雨中成长，在不断进取中实现着自己的人生价值。

# 挑战自我

## ——记昆山永洁环保绿化工程有限公司董事长　周建中

有人说人生需要挑战，敢于尝试就成功了一半。当你挑战种种不可能时，人生的价值便得以彰显。周建中原本是一名医生，正当他事业处于上升的时候，他却放弃了十年的从医生涯，进入环保绿化行业。转换行业是一种挑战，正是这颗勇于接受挑战的心，让周建中闯出了人生新天地。

周建中家住霍邱县夏店镇，十几岁开始学医，先后在六安和吴阳卫生院学习，取得了乡村医师资格证书，在家里开办了私人诊所。他一边种田一边行医，日子过得比上不足比下有余。可是1992年，家里建起了两层小楼，欠下了3万元债务，给这个原本并不宽裕的家庭带来一定的经济压力。为了能尽快还清债务，他不得不离开家乡以谋求更大的发展。

在朋友的推荐下，周建中来到上海宝山区租下一间民房，继续开办私人诊所。一张床、一张办公桌，便是他全部的家当。开诊所一年能有2万多元的收入，他感到很满足。就这样6年下来自己不仅还清了债务，还存下几万元钱。

随着上海对个体行医管控力度加大，周建中诊所的经营越来越难，于是亲戚介绍他到昆山投资保洁绿化项目，但他犹豫了。

“亲戚跟我说，昆山工厂比较多，政府对环保很注重，保洁绿化行业前景广阔。在当时个体行医严管严控的形势下，我只好选择从事绿化行业，准备挑战一下自己。”周建中说。

新的产业，新的挑战。面对陌生的城市和行业，周建中勇于挑战自我。2003年，他注册成立了昆山永洁环保绿化工程有限公司，开始了新的人生之路。

创业并非想象得那么简单，公司在很长一段时间内都没有接到一个订单，几乎处于停工状态。周建中睡地板，骑单车，跑客户，里里外外一个人，忙忙碌碌一天又一天。他收集整理了上千家工厂和企业的信息，逐个打电话联系开发市场，但没想到到头来还是竹篮打水一场空。

周建中回忆当时的情形道：“我没有保洁绿化方面的专业知识，语言表达也不好。电话不是没人接就是立马被挂断，态度好一点的人则会婉言谢绝。”

面对一次次的拒绝，周建中没有气馁。他认为既然选择了这条路，就要坚定地走下去。他从头做起，广交同行朋友，虚心向朋友请教，不断学习保洁绿化专业知识，摸索沟通技巧，积累经验。

半年之后，周建中接到华容电子厂开荒保洁项目，这让他既兴奋又纠结。兴奋的是自己终于接到了第一笔订单，纠结的是这笔订单时间紧、任务重。这是一家新建的台资企业，开业在即，急需开荒保洁。周建中有条不紊地开展工作，一边招收工人，一边培训工人上岗。他说：“我们当时承诺对方两天完工，但一般完成这个项目差不多要一个星期的时间。于是我一边大量招收工人，一边让工人二十四小时不停班干活。保洁是细活，稍有疏忽就难以保证质量。为了保证品质，我一直在现场指导监督，鞋都跑坏了。”

客户的满意就是最好的反馈，这个开荒保洁项目的顺利完结，让永洁公司拿到了华容电子日常保洁项目。接着周建中便趁势进入昆山的台商商业圈。凭借良好的服务，永洁环保绿化工程有限公司在台商圈内赢得

了良好的口碑，业务量逐渐增多，公司依靠诚信和品质得以生存和发展。

经过十多年的努力，永洁环保绿化工程有限公司已拥有国际先进的保洁、绿化施工及养护设备，拥有300多名员工和技术人才及先进的现代化管理机制，可承接各类保洁绿化养护工程。公司先后在苏州、常熟、张家港和吴江等地服务上百家大中型企业和住宅小区，同时在智能大厦、高科技园、高级商住楼、星级酒店、宾馆、医院、大型卖场、商业综合体等项目的开荒清洁和日常保洁方面，有着丰富的服务经验和超高的服务质量。公司本着“全面、快捷、细致、热情”的服务理念，不断追求创新与发展。周建中从医生到创业者，完成了挑战自我的华丽转身。

周建中深有体会地说：“保洁绿化有很大的发展空间，无论是江浙沪还是其他工地区的业务，我们都能承接。人生就是这样，敢于挑战自我，往往就会获得更多的发展和更广阔的前景。”

# 藏在心中的色彩

## ——记上海蕴彩实业有限公司董事长　周明达

梦想，并非心血来潮，而是藏在心中的一种追求。

2005年，周明达从霍邱县周集镇来到大都市上海。经朋友介绍，周明达来到上海一家艺术涂料公司上班，由于对技术和工艺流程一窍不通，摆在他面前的工作只能是月工资1000元的实习工作，是走是留，成了摆在自己眼前的一个选择题。

“一个月1000块钱，按照当时上海的消费水平，除去吃饭租房的钱，所剩无几。但是我觉得这个行业不错，就咬着牙留在这家公司学东西。人家五点下班，我则一直学到九十点。平时休息日就去建材市场学习人家的新工艺，回来继续研究。”他说。

周明达抱着求学的心态留了下来。当时硅藻泥还是一种进口装饰材料，对于这种新奇的产品和工艺，许多人都没见过。仅有少数的行家里手掌握了这种工艺，但他们都较为保守，不愿向他人传授技术。在

这种情况下他只能边学边摸索。

周明达说："每天下班后，我就留在公司下载资料研究产品效果，然后琢磨产品是怎么做出来的。一般人需要花费三个月的时间来学习这些知识和技术，而我只需要一个月。"

自从进入装饰材料行业后，周明达便一发不可收拾，对这个行业产生了浓厚的兴趣，希望在这一领域有所发展。可是当时的他一无资金，二不懂市场，只能"望业兴叹"，将这一创业愿望深深地埋藏在心底。

2006年周明达被上海哲东实业有限公司聘为技术骨干。仅仅三个月后，他便成为公司的技术总监，全面负责工艺技术和施工管理工

作。周明达在理论和实践中锻炼成长，业务水平提升很快，在上海业内小有名气。

有一天，上海建工集团海外部慕名找到周明达，请他按照设计要求，制作一份特殊的艺术样板。周明达经过反复研究和试验，终于做成了样板。样板的效果让客户非常满意，客户邀请他参与现场施工项目。周明达这才知道，这个项目是中国援建特立尼达和多巴哥共和国总理府的项目。对于这一展现自己的机会，周明达自然不会错过。

经过这项跨国工程的历练，周明达的技术和知名度得到明显提升。他不再满足于打工这一现状，想要利用自己的技术特长追寻自己的梦想。2012年，周明达注册成立了上海蕴彩实业有限公司，选择硅藻泥专业装饰材料为公司主打产品，希望在硅藻泥生产销售领域里有所突破。

创业之路并非想象得那么简单，周明达虽然懂技术、会管理，但其创业基础较为薄弱。但周明达没有畏难，从小工程做起，不断寻找自主创业的

突破口。

“我是做技术的,不懂销售,我只能利用晚上的时间来研究产品配方。那时候市场上的硅藻泥产品还没有现在这么成熟,产品有掉粉的技术缺陷。我就反复调整配方,反复做试验,终于研发出具有核心竞争力的产品。之后白天我就骑着电动车到处跑市场,遇到装饰公司和建材市场工作人员,就和人家攀谈,了解市场需求,以研发出多系列硅藻泥产品。有时候人家也会给点小项目给我做,就这样我一点点地积累经验。”

功夫不负有心人。经过几年的努力,周明达走出了一条由小到大、由弱到强的发展之路。他的公司现已成为集专业制作、科研、销售和施工于一体的装饰服务壁材集成企业。公司推出的“蕴丰”硅藻泥获得两项国家专利和法国室内环境检测A+认证,被推选为“绿色校园”产品,还先后获得上海装饰装修行业协会和上海建工行业协会等多家认证,并在上海等城市的装饰材料比赛中获奖。公司凭借雄厚的技术研发实力,相继开发出清水混凝土系列和灰泥系列产品,全力为消费者提供个性时尚、生态环保的高品质产品与服务。

# 天山下的足迹

## ——记新疆朗月电器开关有限公司董事长　周保贤

走遍大江南北，霍邱人无处不在。在遥远的新疆天山脚下，也同样留下了霍邱人的足迹。

周保贤家住霍邱县周集镇大成村，在姐弟七人中排行最小。由于家庭负担重，周保贤读到小学三年级后就辍学了。年纪小小的他便开始打零工，搬过砖、抬过土。

14岁那年，周保贤和小伙伴离开家乡，一起去上海投奔哥哥。

但由于没有找到哥哥，周保贤便去了当地一家电器开关厂干杂活。他勤劳肯干，于是便被这家电器厂收为学徒工。

就这样周保贤在这家厂一待就是三年，在这期间他学习、掌握了钣金车间的各项技能，当上了师傅。

经过多年的摸爬滚打，周保贤最终成为同行业中的佼佼者，安装销售无所不能，成为业内公司争抢的行业人才。2003年，周保贤作为输出人才来到新疆乌鲁木齐市一家电器厂工作，年收入可达5万元。

5万元的年收入在当时的新疆算得上是高薪，令同行羡慕不已，但是周保贤并没有满足于现状。随着技术能力的提高及安装销售业务的逐步成熟，创业的梦想在周保贤的心里萦绕。2006年，周保贤抓住西部大开发的机遇，创办了新疆朗月电器开关有限公司。

与其说朗月公司是一家电器公司，不如说它是一个装配车间，需要先外购各种原配件，然后再组装成品。周保贤回忆说："公司刚开始营业时，工商局过来检查，看电脑里面有别人的资料，说我造假。其实我们这些元器件都是外购的，电脑里存放的都是供应商的资料。"

几经周折，虽然事情得以解决，但是由于产品尚未得到市场的认可，加上货物回款时间长，一年下来公司虽然零零散散销售了100多万元的产品，但到年底却一分钱也没赚到。"我记得到年底时，我身上一分钱都没有。最后还是一个业务员给了我400块钱，帮我买好火车票，我才得以回家过年。"周保贤说。

面对诸多困难，周保贤并没有气馁，他坚信只要产品质量过硬就一定

会有市场。春节过后，他再次返回新疆，踏遍天山脚下的山山水水，走访老客户，寻找新市场，参与各类竞标，终于接到新年里的第一笔订单。

在周保贤有条不紊的安排下，公司最终按时保质保量地完成了任务，给朗月电器迎来开门红。这一年，公司实现产值700多万元，赢利200万元。周保贤觉得公司会有更大的发展空间，于是他将公司的注册资金从50万元提到600万元。经过十年的打拼，公司从单一的钣金车间成为能够生产出全系列电器开关产品的企业，其主要产品有中置柜、环网柜、固定式高低压开关柜、各种低压抽出式开关柜、应急电源柜、智能型高频开关直流电源柜、系列照明配电箱以及各种非标箱，产品被广泛运用于城建、石化、冶金、交通、轻纺、电力和房地产开发等行业领域。

为了扩大生产，朗月公司于2011年在和田市设立了分公司。与此同

时，还成立了新疆朗月电器设备销售公司，主要销售配电箱、钢结构产品、仪器仪表、水暖器材、电线电缆和通讯设备等。多年来，公司因严格的质量管理、热情周到的销售服务而深受用户的

喜爱，其产品不仅热销于整个新疆，而且出口到吉尔吉斯斯坦、哈萨克斯坦等国家，年销售总值高达1亿元。

身在新疆不忘家乡。近年来，周保贤不断为家乡公益事业尽心尽力。2015年周保贤为学校捐款15000元，2017年再次捐款数十万元，为乡亲们修路建桥。勤劳与智慧给周保贤带来了财富，而乡土之情让天山游子不忘初心。

# 缘于一个“举手之劳”

## ——记上海九储堂创艺中国菜美食掌门人 胡于保

幸运,会光顾每一个有心人。一句暖心的话语、一个不经意的举动,可能会带来不一样的体验。胡于保正是因为一个举手之劳,成为了厨师,一干就是20多年。

1995年,胡于保从霍邱县孟集镇来到上海。18岁的他工作无门,身无分文,就连吃饭都成了问题。一天,他来到一家酒店找工作,试图当个洗碗工。

胡于保在酒店门前问:“老板,这里招人吗?”

老板娘应声问道说:“你会干什么?”

胡于保回答说:“洗碗洗菜、拖地杀鱼我都会。”

就在这时,老板娘的儿子拉着一袋白糖回到店里,这袋糖足有100斤。看着他们吃力地卸货,胡于保二话没说,扛起白糖便往二楼的厨房里送。

老板娘看在眼里说:“小伙子,你还没成为我们的员工,就开始帮我们干活了。”

胡于保回答道:“举手之劳嘛。”

然而正是这个举手之劳，给胡于保带来了工作的机会，这家酒店让胡于保留下来工作。他十分珍惜这份工作，每天总是第一个到店，最后一个离开。胡于保脏活重活抢着干，不仅把整个酒店打扫得干干净净，而且还在闲暇之余帮助厨师做事。他很喜欢厨师这个职业，渴望自己能够学习厨艺，将来好有个一技之长。几年下来，这家酒店的厨师换了一茬又一茬，而胡于保依然留在这里勤勤恳恳地工作。

经过几年的历练，胡于保已成为一名技艺高超的厨师。不久，他幸运地被另一家酒店聘为厨师长。随着厨艺技术和管理能力的逐步提升，胡于保在上海餐饮业名气大增。2003年，他又被浦东新区一家大型酒店聘为厨师长，管理着数十人的厨师团队。即使这样，胡于保依然不停地钻研厨师技能，在闲暇之余总是喜欢待在图书馆里看书学习。

两年之后，胡于保被昆山大上海国际高尔夫度假村聘为厨师长。这是一家五星级酒店，与普通餐饮酒店有很多不同之处。

“度假酒店与普通酒店不一样，除拥有自助餐、茶歇、咖啡厅、宴席之外，还拥有日式、韩式餐厅等，自己也需要参加许多部门的行政会议。对我来说，这些都是新的考验。”胡于保介绍说。

厨师是一个需要不断学习、不断提升的职业。由于胡于保勤奋好学、管理有方，他在业界赢得了良好的口碑。

有一天，胡于保正在厨房做菜，一位不速之客要求见他。原来新加坡同乐餐饮集团董事长入住这家酒店后，对这里的江南菜很感兴趣，试图通过挖掘江南菜厨师人才，来开发自己集团公司的江南菜系。对于胡于保来说，这是他梦寐以求的出国深造的机会。

之后胡于保便前往新加坡，担任同乐餐饮集团上海菜总厨。他利用多年积累的经验，将江南菜系推广到海外，同时也学到了新加坡餐饮管理的新思想、新理念。正当胡于保事业兴旺的时候，却接到了母亲身患癌症的消息。尽管公司一再挽留，孝顺的他最终还是放弃了百万年薪，回到了家乡。

回到家乡后，胡于保一直陪伴着母亲，直到母亲走完人生最后的路程。他料理完母亲的后事后，再次回到上海，选择在一直处于亏损状态的上海九储堂餐厅里工作，开始大展身手。

“这个餐厅以前请过很多管理人员，可生意一直不见好转。董事长找过我很多次，想让我管理这家餐厅。我说我是厨师，不熟知餐厅的运营管理，我只能试试。”胡于保说。

2010年，九储堂餐厅进行了股份改制，胡于保正式成为九储堂股东之一，并担任九储堂美食掌门人。他将九储堂餐厅更名为上海九储堂创艺中国菜，对各地传统名菜进行创新改进，使其成为本店的特色名菜、招牌菜，凸显粤菜和江浙菜等创新菜式和风味特色，秉承“做精做细不做多”“少油少盐多美味”的健康饮食理念，形成自己的特色美食。

九储堂追求华夏文明与新加坡现代餐饮经营模式的完美结合，有意打造精美菜肴，营造意韵餐厅氛围，展现美食与文化的绝妙搭配。目前九储堂创艺中国菜已拥有四家分店，外滩店和浦东新区碧云店、汤臣店隔江呼应，恰似明珠，在这块土地上尽展光辉。

20多年来，胡于保从学徒成为主厨，从后堂走到前台，抓住机遇，迎接挑战，用自己的智慧实现了华丽的转身。

# 人生有梦更精彩

## ——记杭州市路顺电动车有限公司董事长　胡乃云

因为不甘平庸，所以奋发图强，因为心中有梦，所以努力前行。胡乃云从小就有一颗“不安分”的心，多年来他历经坎坷，一直努力追寻着自己的梦想。

胡乃云家住霍邱县三流乡。初中毕业那年，他从收音机里听到有关煤油灯孵小鸡技术培训的消息，觉得这是一个投资少、见效快挣钱的好门路，可是20元的学费却让他犯了难。

“那时候想做些事情，可是没有钱。我就捡些麻绳头、破鞋底，背到废品收购站去卖，攒了20元钱。我兴奋得一夜都没睡好，早上四点就起来坐车去合肥学技术去了。”他回忆说。

一个月后，胡乃云总算把煤油灯孵小鸡的技术学到手，便开始行动了起来。胡乃云没有钱买鸡蛋，就从左邻右舍家里借了一些鸡蛋来孵小鸡。

“第一批搞失败了，小鸡没孵出来。当时我操作错误，导致小鸡在孵化的第十八天的时候出现高温，小鸡还没破壳就被烧死了。鸡蛋是借邻居家的，得赔偿邻居家的损失。”他说。

虽然鸡蛋只卖5分钱一个，但借来的200多个鸡蛋需要赔给邻居10多元钱，家里实在拿不出这笔钱了。

“我爸就把家里的木柴挑到集市上卖，当时一斤柴只能卖三分钱。我爸将辛苦挑的200斤的柴卖的钱赔给了邻居。”胡乃云满怀深情地回忆道。

看到父亲替自己还债的这一幕，胡乃云的心在滴血。自此他悄悄地收起了孵小鸡的工具，不再“折腾”。但是身在农村又能做什么呢？对于胡乃云来说，也许唯一的出路就是好好种田，于是胡乃云将农户抛荒的农田都承包了过来。当时当地正在大力推广种植杂交水稻，但不少农民难以接受这种水稻新品种，甚至将配发的种子用来喂牲口，胡乃云却把承包的十多亩农田全部种上了杂交水稻。

他说：“秧插完之后，我爸到田里一看，别人的田里都是绿油油的一片，而我家田种植的是新品种杂交水稻，秧苗稀稀拉拉的不见长，于是我爸天天骂我是个败家子。”

可到了秋季，胡乃云获得了好收成，让村民羡慕不已。时光流逝，转眼间6年过去了，尽管胡乃云辛苦劳作着，过着日出而作、日落而息的生活，但家庭状况依旧没有改善。虽然这些年胡乃云一直在种田，但他始终没有忘记孵小鸡的事。

“后来我相亲，认识了我的爱人。她偷偷借给我120元钱，我拿这个钱重新开始投资孵小鸡。”他欣慰地说。

在爱人的支持下，胡乃云重新孵起了小鸡。没有钱买保温材料，就找了纸箱和锯末作为替代品。可是就在小鸡快出壳的时候，意想不到的事情又发生了。

“这个煤油灯发热，点燃了锯末。保温箱里的温度陡然上升，小鸡很快就被烧死了，这一下子烧坏了2000多个鸡蛋。”他回忆道。

后来在好心人帮助下，他学会了皮蛋的制作方法，把烧坏的鸡蛋制成皮蛋卖了出去，才没造成更大的损失。

胡乃云说：“当时鸡蛋卖一毛八一个，皮蛋卖三毛三一个，孵出的小鸡可卖到五六毛一只，我这个小鸡孵化项目效益很好。”

胡乃云成功了，每天可以孵出数百只小鸡小鸭，可是没想到又遭遇了市场滞销问题。他起

早贪黑挑着担出门，卖出去的小鸡小鸭却寥寥无几，他再一次迷茫了。

“那天晚上，外面下着雨，天黑得伸手不见五指。我挑着没卖出去的小鸭子经过一个很深的沟的时候摔倒了，小鸭子散落一地。看着沾满泥水的小鸭子，我心里很不是滋味，眼泪不由自主地流了下来。”他伤感地说。

几经折腾，胡乃云最终失去了创业的信心，他选择外出打工。为了有个一技之长，他专门去合肥学习了厨师手艺。1993年他只身来到杭州，先在一家酒店做厨师，第二年自己开了一家简易的小饭馆。

在经营小饭馆的同时，胡乃云又开了一家文化用品店和一个食品店。1998年为扩大经营，他投资30多万元，创办了心奇砂锅城。心奇砂锅城凭借大众化消费理念吸引了八方来客，也让胡乃云在餐饮的道路上越走越顺。

2001年他投资200万元，在上海创办了一家1000多平方米的大酒店，准备大干一场。但由于经验不足，管理跟不上，酒店只开张了半年就倒闭了。这一次他损失了100多万元，多年的积蓄付诸东流。

胡乃云回到杭州从头再来，创办了龙济大酒店。他总结失败的经验和教训，不断学习，努力创新。经过10多年的经营，胡乃云一步一个脚印的发展壮大事业，他先后在不同的地段开设了三家连锁店和一家宾馆。2012年胡乃云把握环保产品的发展趋势，将眼光投向电动车产业。

认准的事说干就干，胡乃云放弃了经营多年的酒店，全身心地投入电动车市场。他大手笔收购了一家5000平方米的大卖场，创办了杭州市路顺电动车有限公司，打造电动车大型超市卖场，引进了新日、爱玛等十多个电动车知名品牌，搞批零兼营。为了开辟电动车低价市场，他先后创办了无锡雅玛大洋电动车厂和德清飞士达电动车厂，采取自产自销的模式，把质优价廉产品推往华东市场。

# 扬起生活的风帆

## ——记上海市任曦贸易有限公司董事长　胡同龄

说到达芙妮鞋子，女性朋友肯定不陌生。你脚上那双达芙妮鞋子，也许就是霍邱人的劳动成果。当年达芙妮鞋子的主要生产商上海光伟鞋厂90%的员工都来自霍邱。20多年来，数以千计的打工仔来到这里，又陆陆续续地从这里走了出去。他们在这里扬起人生的风帆，

去追寻自己的梦想。胡同龄就是其中的一员，经过多年的奋斗，他从一名鞋厂搬运工成为拥有自己的事业的成功者。

胡同龄家住霍邱县高塘镇。高中毕业，他通过自学考试取得了大专学历。后来胡同龄被吴集中学聘为代课教师，承担初中数学和物理课程教学任务。教学负担重，每月33元的工资也难以维持生计，于是胡同龄白天上课，晚上摆地摊卖服装挣钱补贴家用。

“我从亲戚家进的货，价格相对比较高，摆地摊也卖不上价，所以赚不到钱。那时候家里连化肥都买不起，货卖完之后，就拿货款买化肥和种子。家里兄妹多、负担重，整天靠拆东墙补西墙过日子。”他回忆道。

货是卖完了，但胡同龄不仅没赚到钱，就连本钱也挪作他用。亲戚上门讨要货款，这让胡同龄感到很无奈，也很心酸。

“欠人家30块钱的运费我都还不起，想想在家没啥前途，干脆出去打工。”他伤感地说。

经过一番思想斗争，胡同龄离开了心爱的讲台。他背着8000元的债务，走上了打工之路。1992年，他慕名来到上海南桥光伟鞋厂，并在鞋厂附近租下房子，等待招工的机会。几个月过后，胡同龄终于走进了光伟鞋厂的大门，做起了清洁工的工作。

他说：“那时候我没有远大的理想，就是想赚点钱回家把房子翻修一下。”

没有梦想，没有奢求。对于胡同龄来说，只要有活干，做什么都行。由于胡同龄文化程度高、学习能力强、工作认真踏实，他从清洁工干到了搬运工，并在短短一个月的时间内就升为成品仓库主管。胡同龄虚心好学、爱岗敬业，很快熟悉了业务，掌握了生产工艺等方面的技能。不久胡同龄被调到生产车间，从小组长转身成为为车间主任。

在车间主任的岗位上，胡同龄大胆进行改革，把员工管理与工资体系挂钩，一改过去计时工资为计件工资，大大提高了生产效率。胡同龄的改革方案在全厂得到了推广，他的事业也因此一路上升。在短短三年的时间内,胡同龄就当上了光伟鞋厂副厂长。

2002年鞋厂把新厂筹建工作交给了胡同龄。经过考察调研,胡同龄把新厂厂址选在自己的家乡叶集。2004年正当事业处于上升期时,胡同龄做出了一个让人意想不到的决定,他辞去了上海光伟鞋厂副厂长兼叶集达芙妮鞋厂厂长的职务,他究竟要去做什么呢?

胡同龄认为,虽然自己当上了厂长,但毕竟还只是在为别人打工,自主创业才是自己的梦想,于是他辞职准备创业。在朋友的帮助下,胡同龄接触到国际贸易行业,之后他收购了主要经营体育用品出口业务的上海华雀电子科技有限公司。从管理生产到从事国际贸易,胡同龄实现了人生的又一次转变。

"那时候的订单基本上是通过国际上比较大的几家贸易公司完成的,这几家公司管理严格、程序繁琐,在服务方面总是给人一种高高在上的感觉。我想我已经学了这么多技术,如果自己去做贸易,站在企业的角度把好品质关,提高企业的管理水平,这样客户就会源源不断地找上我们。"他介绍说。

如果说生产管理靠的是勤奋，那么从事国际贸易则更需要智慧。胡同龄踏踏实实地学习着专业知识，慢慢掌握了国际贸易方面的知识和技术，注册成立了上海任曦贸易有限公司。

信誉是企业的生命，服务是企业的根本。胡同龄靠着自己多年的管理经验，致力于提升产品和服务质量。在胡同龄的努力下，自2009年以来，公司每年的贸易额均在2000万元以上，胡同龄的事业得到长足的发展。近年来国际市场千变万化，胡同龄也在不断调整产品结构，增加产品种类，提升竞争力，以适应国际市场需求。

# 天高任鸟飞

## ——记成都金贝企业管理咨询有限公司董事长　郭光

1992年,郭光考取了秦皇岛煤炭工业管理学校,毕业后便被分配到淮南矿业集团谢家集煤矿从事人事管理工作,捧上了令人羡慕的“铁饭碗”。在两年的工作经历中,他感觉自己知识匮乏,于是通过努力考取了北京矿业大学会计学专业,想给自己“充电”。

4年的大学生活很快就过去了,到哪里就业成了郭光需要考虑的问题。对于郭光来说,自己要么选择回原单位工作,要么选择留在北京自谋职业。

“我当时了解到,淮南矿业集团的1万多个职工中,会计学本科生只有11人。如果我选择留在淮南矿业集团,不仅将拥有‘铁饭碗’,而且未来还能进入集团总部工作,前途无量;而选择留在北京自谋职业则要面临很大的风险。但我觉得天高任鸟飞,留在北京自谋职业能够更大程度地展示自己,或许发展空间更大。”他胸有成竹地说。

在那个计划经济向市场经济转型的时期,放弃“铁饭碗”需要很大的勇气。经过再三思量,郭光毅然选择留在北京,接受市场的挑战。郭光凭借自己的专业技能和工作经历优势,很快应聘到一家实力雄厚的民营企业,当了会计。不久后,这家公司成立分公司,郭光被提拔为分公司财务经理。然而就在这时,他却提出了辞职的请求。

“当时公司董事长一再挽留我,我都婉言拒绝了。”

虽然郭光十分喜爱这份工作,但他之所以选择在事业顺风顺水的时候离开这家公司,目的是想要给自己一个磨炼自己机会。对郭光来说,多一份经历便是多一份财富。

辞职之后,郭光应聘到中信集团成都分公司做财务管理。由于他工作认真、熟悉业务,很快便被提拔为财务总监。从北京转战到成都,他如鱼得水,工资也增加了很多,年收入可达10万元。

也许对于刚毕业的大学生来说,10万元的年收入颇为丰厚。但是仅仅过了3年,郭光夫妻决定离职,开启创业之路。

“我们夫妻俩学的都是会计学专业,成立代理结算公司与我们的专业对口。当时成都几乎没有这类公司,我们想开拓市场,走不寻常的路。”郭光回忆道。

一个房间、两张办公桌,成都金贝会计公司就这样简简单单地开张了。夫妻俩到处发名片,去企业跑业务。因为这一新型业务在当时不被人们所接受,所以夫妻俩常常遭人白眼,甚至被拒之门外。

“只要不骂我，不撵我走，我就会跟对方‘磕’到底。”郭光坚定地说。

虽然创业让郭光尝了不少苦头，但他觉得既然选择了创业，就要坚持下去。郭光白天跑市场，晚上研究公司业务。经过一个多月的努力，公司终于迎来了第一笔业务。

郭光说：“第一笔业务是一个代账业务，我们每个月收对方200元代账费。那种开张的欣喜，到现在我仍记得很清楚。”业务虽小，但毕竟事业有了新的开端。接着第二笔、第三笔业务，夫妻二人靠着诚实守信的品质和热情的工作态度，使公司业务规模不断得到扩大，公司蒸蒸日上。

10年来，成都金贝会计公司从当初的代账户公司发展成为功能齐全、服务到位的会计事务公司，其业务范围包括代理记账、公司注册、咨询服务、企业会计业务培训及企业融资策划等。现如今，公司已拥有30多名员工，年营业额突破2000万元。

近年来，为了满足新形势下企业的发展需求，公司整合资源，成立了金贝创享老板俱乐部·创业者联盟，致力于将金贝公司的客户群打造成互帮互助、互通有无、互学互鉴、共同交流、共同投资的共享平台，让客户在企业经营管理的道路上不再孤单。在金贝创享老板俱乐部·创业者联盟里，客户既可以找到背景相似、经营管理经验丰富的创业者，也能够找到能互帮互助、共同进步的朋友。在交流与共享中，一群志同道合的人共同学习、共同成长，收获企业管理真经，助益企业成长。

# “合合”美美人生路

## ——记苏州合美制冷设备有限公司董事长　赵彦东

“诚招天下客，誉从信中来，经商信为本，买卖礼在先。”这句话道出了诚信经营的重要性。苏州合美制冷设备有限公司董事长赵彦东以诚信执经营为理念、以务实创新为要求、以感恩责任为动力，促使公司建康稳定发展。

赵彦东出生于霍邱县孟集镇。2000年，毕业于安徽理工大学机电一体化专业的他来到杭州，进入沃尔沃公司工作。刚进入公司时，赵彦东被安排做机电方面的工作。然而他觉得自己更适合做销售工作，于是公司先后安排赵彦东负责杭州、上海和合肥等地分公司的市场营销工作。赵彦东也不负所望，将销售业务开展得如火如荼。2006年，沃尔沃新产品在苏州上市，由于营销不力，销售业绩惨淡，一年下来销售额几乎为零。就在这

时,赵彦东临危受命,出任苏州分公司总经理。

面对苏州分公司人力资源匮乏、销售额几乎为零的情况,赵彦东并没有灰心丧气。他耐心细致地分析了公司的优势和劣势,坚定自己必胜的信念,一心一意地经营着苏州分公司。

"我花了5年时间,逐步开拓公司市场,将公司年营业额提高到1亿元。"赵彦东介绍说。

梦想点亮人生,信念指引未来。正当赵彦东的事业风生水起的时候,他却选择了辞职。这是为什么呢?赵彦东说:"苏州分公司经营状况稳定之后,我多出来很多空闲的时间。我才30岁不到,这样一直闲下去是不行的。"

2009年一个偶然的机会,赵彦东接触到工业智能制冷项目。这个项目正与他所学的机电一体化专业对口。通过半年的考察论证,赵彦东决定组建团队,成立苏州合美制冷设备有限公司。

赵彦东一头扎进了工业制冷行业。有人曾讽刺他太年轻,不懂这个行业的行情,而他却自信满满地认为自己有销售能力和管理能力,团队有技术,可以在工业制冷行业做得很好。“只要产品好,行业口碑好,不愁产品卖不掉。”赵彦东坚定地说。

创业并不简单。没有客户,没有订单,赵彦东便带领他的团队上网搜索并认真记录目标客户信息,然后一家一家地去拜访。在拜访过程中,他们会与客户一起分析修改设计图,指出问题所在,并提出节能方案。赵彦东和他的团队用勤奋和专业去打动每一位客户。

就这样,合美公司的名气越来越大,业务越做越好。赵彦东还注重创新和发展,在生产安装调试、维修过程中,善于发现自己的优势,积极申报专利。到目前为止,公司已拥有30项专利技术。

赵彦东在公司经营中,不断践行诚信经营的理念。公司也在赵彦东的努力下,持续稳步发展。

合美制冷设备有限公司自创建以来,锐意进取。公司依靠多年的制冷设备制造经验和技术,不断学习和引进国内外先进的制造工艺和技术,研发出具有性能稳定、可靠安全、节能环保、适应性强、维护方便等特点的产品。公司还积极了解市场需求,参与市场竞争,全力完善研发、销售和售

后服务体系。另外，合美公司视质量为生命，坚持以为客户提供优质的产品和高水平的服务为宗旨，在技术创新、经营管理和设备安装上拥有良好的技术支持与品质保证，产品销量处于国内领先地位。公司生产的冷水机、冷冻机等系列产品，广泛应用于化工、电子、五金、食品、印刷、激光、等行业，得到了广大新老用户的肯定和好评。

# 闯出一片天

## ——记北京金剑卫士保安服务有限公司董事长　姜英龙

对于打工者来说，最大的愿望莫过于有一份理想的工作和一份丰厚的收入。20年前，姜英龙从深圳中海地产公司调任到北京。经过几年的打拼，他在北京中海物业公司做到了安全部经理一职，工作上得心应手，生活上衣食无忧。正当人们向他投去羡慕的目光时，他却毅然辞去了这份工作。

“那时候就想出去闯一闯。辞去工作，断掉自己的后路，逼自己再努力一次。”他说。

姜英龙生性敢想敢闯。他放弃了舒适安逸的生活，把自己推向市场。

可是辞职后他才明白，自己并没有明确的人生规划，并不清楚今后的路该如何走。

姜英龙家住霍邱县临淮岗乡。1997年毕业于六安建业学校后，他怀着美好的憧憬来到深圳，应聘到中国海外集团物业管理公司当保安。

由于勤奋好学、工作上认真负责，他很快便从普通保安升职成为安全主管。1999年中国海外集团成立北京分公司，姜英龙作为企业骨干，被调派到北京分公司担任安全主管，全面负责公司的保安管理工作，年收入近十万元。

然而工作上的顺风顺水并没有让姜英龙满足，姜英龙的梦想是走自主创业之路，于是他辞掉了工作。

“我觉得北京作为全国政治文化中心，是个包容开放的城市。无论是打工者、商人，还是求学的人，都能在这里找到一片属于自己的天空。多年的工作经历让我逐渐变得成熟，也懂得了做人做事的道理。我觉得创业的时机到了。”于是姜英龙选择去北京，走创业之路。

2002年，姜英龙和几个志同道合的朋友注册成立了北京金剑卫士保安服务有限公司。当时，他们一无资金、二无客户，运营公司存在极大的困难。然而姜英龙并不灰心，他东拼西凑借了10万元作为运营启动经费，并通过努力，承接了新月家园、城市月光等住宅小区安保服务项目。姜英龙的团队以诚信为本、合作共赢的原则赢得客户的信任，很快打开了市

场。随后他带领团队乘势而上，先后拿到了北京观唐国际、中国航天、中国建筑和中国铁路等的安保服务项目。

观唐国际位于北京市东北角，是北京市第一栋中式宅院高档别墅。“观唐国际的业主安保要求高，于是我们精挑细选了100多名高素质的退伍军人和大专院校毕业生担任保安，还专门定期请英语老师对安保人员进行培训，以提高安保人员的外语沟通能力和业务水平。我们在这个单位服务了数年，这个项目是我自认为做的最成功的项目之一。”姜英龙回忆道。

良好的开端让姜英龙对保安事业的发展信心十足。为了加强保安队伍建设，他建立了10余亩的智能化培训基地，严格按照规章制度对员工进行培训，并实行统一考试、持证上岗制度。2008年金剑卫士公司的120名保安通过筛选，最终被选中参与了北京奥运会安保工作。他们出色的表现给公司带来了荣誉，受到北京奥组委、北京市政府和其他相关部门的认可和表彰。

姜英龙介绍说：“奥运会结束之后，我们招兵买马，大练基本功。在提

高我们自身业务能力的同时，加大宣传力度，开拓市场。奥运会给我们提供了一个发展的机会，从此之后，我们在业内有了一席之地。”

奥运会后的一年内，公司员工数量从600人猛增到1000人，业务量翻了一番。姜英龙说：2009年，我们承接了中国航天科工集团第二设计院的安保工作。”金剑卫士在短短几年的时间内，从不起眼的保安公司发展成为一家人防联合技防、全方位多功能地开展工作的大型保安公司，拥有在册保安人员上万人，服务遍及全国各地，还配备了大型安检设备和车辆，为企事业单位、政府机关、小区物业以及各种活动等提供安保和物资押运服务。

近年来姜英龙在北京金剑卫士保安服务有限公司的基础上，先后创办了开元世纪物业有限公司、盛新荣防滑装饰公司和世纪英龙餐饮有限公司等企业，业务扩展到河北、内蒙古、黑龙江和天津等省市。姜英龙还与同乡创办了北京将军国际书画院，为客户提供了交流爱好的平台。姜英龙还将公益拍卖书画作品获得的收入投入了慈善事业。

# 心 愿

## ——记苏州众源发商业咨询有限公司董事长　郭仁李

心愿，是人们对美好事物的期盼，也是人们奋斗的目标和动力。20年前，郭仁李身背几万元债务来到苏州。此时，他的愿望很简单，就是还清债务，轻轻松松地过日子。

郭仁李家住霍邱县夏店镇，中学时期他的学习成绩一直很好。然而1992年郭仁李中考意外落榜后，没有选择复读，而是买了一辆三轮车跑运输。那时当地正在实施康居工程，红砖需求量大，郭仁李觉得投资办窑厂是一个挣钱的好路子。1994年，他与亲戚合伙创办了一家窑厂，当年就赚了1万多元。尝到甜头的郭仁李趁势而上，又在邻近的丁集镇创办了第二座

窑厂。但是由于缺乏技术，砖窑建了拆，拆了建，浪费了大量的资金。窑厂卖出去的砖一时也收不回货款，生产却一天也不能停。就这样只见投入、不见回报，窑厂四年间共欠下近六万元的债务。

1998年，郭仁李最终放弃了亲手建造的窑厂，夫妻俩一起来到苏

州打工。郭仁李买了一辆旧三轮车，添置了一些厨房设备，做起了流动早点摊的生意。

“我不懂怎么做早点，做生意全指望我爱人，她夜里三点就起床干活了。老家早点的做法

和这里的不一样，这里的水质也与老家的不同，做出来的包子发黄，炸出来的油饺子发硬。我清清楚楚地记得，第一天早点只卖了八块钱。”郭仁李回忆道。

由于做出来的东西卖不掉，早点摊仅仅维持来了一个星期便草草收摊了。可是不做早点又能做什么呢？夫妻决定在附近的农贸市场做点小生意。可是没由于有营业执照，也没有摊位，夫妻俩只好在农贸市场外面摆地摊，卖一些拖鞋、袜子、梳子和钥匙扣类的小商品。不久，郭仁李花了300元钱，从别人那里转手了一个摊位。夫妻俩用心经营这个摊位，丝毫不敢懈怠。

夫妻俩每天早晨六点钟出摊，晚上十点钟才能收摊回家。一天忙到晚，两个包子、一碗白开水就是他们一天的伙食。为了多存钱，他们省吃俭用，不敢多花一分钱。有一天，郭仁李买了一斤猪肉，想给妻子改善生活，可是没想到竟惹恼了妻子。他伤感地说：“三个月了，我们都没吃过肉。一天只吃两顿饭，中午在外面买两个包子吃，接点白开水喝，晚上回家就随便弄点吃的。作为男人，我还能扛得住这样艰苦的生活。但是我爱人日子过得太苦了，所以我买了点肉给她吃，谁知她当时就把肉扔出去

了。我悻悻地把肉捡回来，洗一洗做了一顿饭。”

2005年，郭仁李所在的农贸市场动迁改建，他最终拿到了200多平方米的门面房的租赁权。习惯于经营小本生意的郭仁李，原打算留点地方给自己开个小卖部，其余的门面转租给别人。然而在与朋友的交谈中，朋友的一席话让他茅塞顿开。

朋友开导他：“你既然把门面房都租来了，为什么还要转租给别人呢？自己开个小超市不行吗？”

郭仁李回答说：“这事我也想过，可我什么都不懂，既不懂经营，也没有资金。”

朋友说：“不要紧，我帮你找懂行的人。”

就这样，在朋友帮助下，郭仁李与多家供应商取得联系，采取供应商入驻和分期付款等形式，创办了兴隆之家超市。兴隆之家超市不仅给他带来了一定的财富，还让他获得了超市经营及商业管理的经验和知识。郭仁李在超市行业站稳脚跟后，又注册成立了苏州众源发投资管理有限公

司，并与朋友合作，在盐城创办了第一家4000平方米的大型超市。短短几年内，他又分别在盐城、苏州和常熟等地创办了7家众源发连锁超市。2014年，他整合资源，在苏州创办了两家众源发生活超市，在吴江创办了两家美佳好超市。

如果说当初郭仁李的心愿仅仅是偿还欠款，那么时过境迁，随着事业的不断壮大，郭仁李有了更远大的理想。他坚定地说："发展事业，第一要有品牌战略，打造自己的品牌；第二要给周边居民提供实惠的商品，创造良好的消费环境；第三要尽可能提高工资待遇，留得住员工，留得住人才。只要这样，才能创业人生扬帆起航。我要在创业这条道路上坚定地走下去，为人们提供更多更好的商品和服务，提高人们的生活质量。"

# 一诺值千金

## ——记上海洋明集团创始人 贾丙昌

2009年严冬的一个清晨，上海洋明塑料科技有限公司创始人贾丙昌正带领着自己团队的20多个人，跑向20公里外的上海创元化妆品有限公司。虽然天空飘着雪花，但是队员

热情满满。大家心里很清楚，这并不是一般的晨跑，而是兑现承诺的一种特别的方式。

原来一年前，在创元公司的年会上，贾丙昌向创元公司承诺，洋明公司在该年度内保证实现100%的交货率，否则将带领自己的团队跑步去创元公司致歉。当时或许只是一句玩笑话，大家并没有把它当成一回事。可是到了2008年年底，贾丙昌公司的交货率完成了98%，并没有兑现最初的承诺。虽然98%的交货率对大局并没有什么影响，但贾丙昌觉得自己应该要兑现承诺。

在贾丙昌看来，人生最重要的三个词是选择、坚持和珍惜。因为坚持选择、坚持奋斗、珍惜人生，自己这位

一穷二白的农村娃才能在商海竞争中脱颖而出。

1988年，16岁的贾丙昌初中毕业后便面临着选择，是继续求学？还是外出打工？看着父母粗糙的双手，他沉默了三天，留下一封信后便远走他乡，去了上海。

刚到上海，贾丙昌身无分文，举目无亲，想找一份工作谈何容易。贾丙昌困了，就睡在火车站候车室里；饿了，就用自来水充饥。有一天，贾丙昌沿着黄浦江畔徒步行走时，路过一家乡镇奶牛场，碰巧知道了奶牛场值夜班的老杨生病需要人代班。虽然代班没有工钱、只管吃住，但贾丙昌还是高兴地接手了这份工作。半个月之后，好心的老杨夫妻又将他推荐到乡镇门窗厂工作。凭着自己的刻苦钻研的精神和敢于创新的劲头，贾丙昌很快成为这个厂的技术骨干。他提出了很多合理的建议，如将计时工资制度改为计件工资制度，并开创了车间承包制的先河。他带领大伙加班加点，努力工作，不仅提高了生产效率，还提高了员工们的收入。可是好景不长，这家门窗厂被改制，承包制也戛然而止。贾丙昌要么选择继续留在厂里打工，要么选择另谋出路。

经过一番考虑，贾丙昌决定离职，改行从事服装销售行业。对于贾丙昌来说，服装销售是一个陌生的行业。从收集相关信息到寻找货源，再到联系服装店找销路，一切都得靠自己。渐渐地，贾丙昌对服装行业越来越

熟悉，从面料选择到加工工艺，再到流行趋势，服装生产的每一环节他都了如指掌。

1991年，贾丙昌回到家乡，在霍邱投资创办了一家服装店。但由于受经济危机等因素的影响，服装店没有经营多久就倒闭了。

这次创业失败不仅让贾丙昌的积蓄化为乌有，还让他欠了服装厂近2万元的钱。“我能借的都借了，还是还不上这笔欠款。我在村外的河边坐了一天一夜，心里百味杂陈。我想去这家服装厂打工挣钱抵债，服装厂老板看我诚信可靠，最终接纳了我。”

转眼间半年过去了。到了年关，服装厂老板拿出一沓钱塞到贾丙昌手里说：“欠的钱一笔勾销，这些钱你拿回去给你爸爸妈妈买点年货。”贾丙昌沉默片刻道：“我代表家人谢谢您的恩情，也感谢您给我工作的机会，但这个钱我不能收。”

带着感恩的心，贾丙昌离开了这家工厂，自己也不知道今后该何去何从。站在火车站里，望着熙熙攘攘的人群和滚动的列车信息屏幕，贾丙昌竟阴差阳错地买了开往上海的火车票。贾丙昌觉得既然是天意让自己选择了去上海，那么自己就在这里从头开始吧。

1992年，贾丙昌应聘到雷盛德奎（上海）有限公司做普通工人。虽然月薪只有300元，但他很满足。贾丙昌吃苦耐劳、工作踏实认真，脏活重活抢着干，短短半年之后就成为了能够独立调试设备的技术员。贾丙昌在这个岗位上一干就是14年，完成了从技术员到领班、课长，再到厂长的华丽转身。在此期间，在公司高层的建议下，贾丙昌注册成立了一家公司，为德奎公司提供外加工服务。

14年，他付出的是汗水，收获的是经验和技术。2005年，贾丙昌的创业梦再次起航。他买下10多亩工业用地，准备一展身手。就在这时，德奎公司因业务量剧增，贾丙昌所拥有的几台设备远远不能满足德奎公司的外加工业务需求。于是他趁热打铁，筹资金、建厂房、购

设备，并于2007年5月成立了上海洋明塑料科技有限公司。

在贾丙昌的努力下，公司蒸蒸日上，成为行业中的佼佼者。他先后成立了上海聚塑实业有限公司、上海洋明塑料制品有限公司和上海漾铭精密模具有限公司。如果说第一个五年洋明公司崭露头角，那么第二个五年洋明公司则迎来了跨越式发展。2016年成立的上海洋明塑料美国公司更是将业务拓展到了海外，进一步扩大了公司的行业影响力和竞争力。

第三个五年在即，贾丙昌在分析市场发展趋势与行业动向后，作出了一个重大的决策；公司针对国外客户，创建洋明包装产业园，集冲压、注塑等行业配套产业于一体，让客户在产业园内可实现一站式采购。贾丙昌还注册成立了安徽聚联包装科技有限公司，该公司坐落于合肥高薪区霍邱现代产业园内。届时，洋明集团将开拓汽车配件、空气净化器、净水机和医疗器械等业务，向着多元化方向发展。

# 重返常州

## ——记江苏奥飞久通门业科技有限公司董事长　桑业兵

桑业兵第一次来常州时刚满15岁。那年中考结束后，他放弃了继续读高中的机会，与亲戚一起来到常州一家生面店打工。刚工作了半年，桑业兵便觉得自己年纪轻轻应该继续读书，于是他回到母校复读。3年后，他以优异的成绩考取了原江苏石油化工学院，也就是现在的常州大学，再一次踏上了常州这片土地。

桑业兵家住霍邱县新店镇。在他的记忆中，父母都是勤劳的庄稼人，整天不停地干活，天不亮就进城卖菜，以维持生计。家人吃苦耐劳的品性在他幼小的心灵播下了勤奋的种子。桑业兵不仅学习成绩好，而且肯吃苦。大学期间，他一边读书一边打工，每天凌晨三点钟起床，帮生面店送面条，天亮后再返回学校上课。

桑业兵回忆道："一盒面条三四十斤，一个工厂要送四五盒，要送的面条有200斤左右。一早上我还要给好几个厂送面条，送的面条都快有千把斤重了。因为早上工人要吃饭，所以面条六点钟前必须送到。”

大学4年，桑业兵每天如此。虽然每月的工资只有190元，但用于支付自己的生活费和学费足够了。就这样，他没花家里一分钱就完成了学业。

1997年，桑业兵大学毕业后，被分配到常州市机电研究所当技术员。桑业兵每天工作8个小时，他感觉很轻松。由于有比较多的空闲时间，所以他就到一家不锈钢材料公司找到了另一份工作。为了不耽误研究所的工作，他调整工作时间，尽量上夜班，不拿夜班费，好腾出白天的时间去不锈钢材料公司打工。

久而久之，这样昼夜不歇的工作强度让他疲惫不堪。于是权衡之下，桑业兵选择辞去机电研究所的工作，正式入职不锈钢材料公司。桑业兵自进入不锈钢材料公司以来，不断地学习，把握市场脉搏，改进生产工艺，推行企业升级。在短短两年的时间里，就使企业的效益增长了许多。2008年，他注册成立了主要经营智能化门控产品的常州奥飞久通商贸有限公司，开始自主创业。这期间，他代理美国、德国和日本等多个国家的智能化门控设备，公司的产品连续6年销量全国第一名。公司也因此获得了松下自动门全国优秀经销商称号，一跃成为同行中的佼佼者。

10年间,桑业兵在自动门行业摸爬滚打,在行业内取得了常州第一、全国前五的销售业绩。随着信息化进程的加快和流通渠道的逐步完善,虽然公司营业额不断上升,但利润空间越来越小。他深刻地感受到,贸易不是公司立足的根本,实体经济才是企业赖以生存的基石。

2014年,桑业兵成立了江苏奥飞久通门业科技有限公司,投资1亿元,收购并兴建了一些办公楼和厂房。公司实现了做贸易向做实业的转型,实现了智能门控设备采购、销售、安装一体化经营。公司直接与终端用户对接,既减少了流通成本,又有利于品牌创新。桑业兵介绍说:“我把设备和成品结合起来,直接承接终端客户的业务。房地产商、政府机关、大型企业集团及星级酒店等都是我的客户。”

江苏奥飞久通门业科技有限公司致力于医用自动门、小区单元自动门和家居磁悬浮自动门等高端自动门的研发、生产与销售。短短几年内,公司的多项产品被认定为高新技术产品，公司也入围了高新技术企业认定范围。从制作五金配件到制作智能化门控设备，再到创立自动门自主品牌，桑业兵从业20年来，经历了门业的时代变迁。他紧跟发展的脚步，广泛吸收国际先进技术，不断研发创新，用科技和实力打造着公司广阔的发展前景。

如果说桑业兵第一次到常州是由于生活所迫，那么重返常州让桑业兵的人生价值得以体现。桑业兵感慨地说：“我认为勤劳是最重要的。父母的熏陶让我懂得，勤劳地工作、勤奋地学习、勤奋地思考成就了今天的我。”

# 与“石”俱进

## ——记常州市金坛东运钙业有限公司董事长 顾 聪

与时俱进，是指行动与时代一起进步，然而顾聪的与“石”俱进却有着不同寻常的意义。在顾聪看来，与“石”俱进说的是自己与石头打交道的创业人生。顾聪靠着一辆破旧的自卸车起家，常年与石头打交道。经过10多年的摸爬滚打，顾聪不断进取，最终在矿山上取到了“真经”。

顾聪出生于霍邱县宋店乡一个富裕的家庭，从小到大没吃过苦、受过累。顾聪在父母的呵护下，过着无忧无虑的生活。然而他觉得这样悠闲自在的生活并不是他想要，年轻人要有自己的梦想。于是他说服家人，花了两万块钱买了一辆破旧的自卸车，跟随老乡一道来到宜兴创业。

“要在家里要吃有吃，要喝有喝，一觉睡到自然醒，来宜兴一切都变了。自己开车上山拉石头，成天灰头灰脸的。车子没空调，夏天车里温度高达五六十度，吃饭也是饥一顿饱一顿的。”顾聪深情地回忆说。

顾聪第一次感受到生活的不易。顾聪舍不得雇用驾驶员，自己当司机，以车为家风里来雨里去。饿了，吃点干粮；困了，就睡在车里。由于车辆破旧，经常出现故障，所以他既要当驾驶员又要当修理工。

两年下来，顾聪掌握了一定的汽车维修技能。这时，顾聪发现，随着跑运输的车辆越来越多，需要维修的车辆也越来越多，而自己的维修技能恰好可以为自己带来一定的商机。于是他卖掉了自卸车，投资20多万元创办了一家汽车修理铺，专门维修自卸车及矿山机械，并兼营二手运输车交易业务。

有一天，修理铺来了一位不速之客。这位叫许义春的客人是当地知名的矿山企业家。他对顾聪的聪明勤奋大为赞赏，两人相处得很融洽。

“他觉得我做事情挺靠谱的，也尝试着让我去做一些事情，给我锻炼学习的机会。”顾聪说。

顾聪得知许义春有一处矿山准备对外承包，他想尝试承包这座矿山。可是因为自己各方面的条件不太好，所以顾聪心里一直很纠结要不要承包矿山。“想要承包矿山的人很多。我是外地人，也没有足够的资金，与别人相比不具优势。思来想去我决定还是找许义春聊聊，想让他给自己一个机会。”

2008年，顾聪抱着试一试的心理找到许义春，没想到许义春爽快地答应了。就这样，顾聪把矿山承包了下来。顾聪不断摸索、不断学习采矿知识和矿山管理技术。万事开头难，在一无资金、二无机械的情况下，他采取租借等方式，慢慢地租借了多台矿山机械，用于生产。矿山管理最重要的问题是安全问题。对于安全问题，顾聪丝毫不敢懈怠。他专门成立了安全队，并亲自担任队长。他说："安全问题都是我亲自抓的，每天我带着人去巡山，排查安全隐患。有一次我发现有一块石头挂在山上，看样子就要掉下来了。我就把石头下面的区域用绳子围起来，做好安全防护。等到下雨石头掉了下来后，我心里的石头才算落了地。"

2015年，顾聪利用自己的资源优势，创办了常州市金坛东运钙业有限公司，主要生产生石灰和碳酸钙等产品。公司的产品广泛用于工业、建筑和医药等领域。

工厂建成的头一年，正处于环保达标的关键时期，东运钙业有限公司也不例外。顾聪认识到环境保护的重要性，表示工厂环保一天不达标，工厂一天不生产。两年来，他投入大量的人力财力，引进全封闭自动化生产线，建成绿色环保的标准化工厂。他表示："工厂生产环保达标工作，我时时记在心里，付诸行动。我们厂建设投资总计有2000多万元，光环保改造

就花了800多万元。经过这几年不停的改造,我们公司的环保工作在金坛同行中应是首屈一指的。"

随着宜兴市旅游业的兴旺,在师傅许义春的带领下,顾聪参与打造的义椿庄度假村笑迎八方宾客。义椿庄度假村内飞瀑流泉、亭台楼阁、小桥流水等美景不断,展示了江南水乡的经典韵味。那长廊曲径、木屋别墅、竹柳堆烟、芳草铺锦,仿佛就是一幅画卷,为游客提供了观光旅游、休闲养生的好去处。

# 点亮人生

## ——记安徽皖投新辉光电科技有限公司董事长　徐　滨

每次失败，徐滨每次都是从哪里跌倒，就从哪里爬起。自强不息的精神点亮了徐滨的人生之路，也照亮了美丽的世界。

徐滨出生于霍邱县，1991年毕业于淮南矿业学院（现安徽理工大学），后被分配到合肥荣事达洗衣机厂工作。工作中的他勤奋好学、刻苦踏实，很快就掌握了洗衣机生产的相关技术。虽然不久后，徐滨便被提拔为车间技术负责人，但是工作的顺利并没有让徐滨停止前进的步伐。

1993年，他停薪留职、南下闯荡，希望能够找到一条更好的发展之路。

然而仅仅半年后，因父亲腿受伤，需要人照料，徐滨不得不放弃创业打拼之路，回到合肥荣事达洗衣机厂继续上班。

几年来，创业梦一直萦绕在徐滨的心头。1994年，为了让自己的专业有用武之地，徐滨与朋友合作创办了一家化工厂。徐滨正准备大干一场时，意想不到的事情发生了。

“我是学化工的，我利用自己的专业优势与朋友投资办厂。在我费了九牛二虎之力把工厂建成之后，朋友却要了一个阴险手段，导致我们的合作关系破裂，工厂刚刚建成投产就被整垮了。”他惋惜地说。

第一次创业失败后，徐滨便没有了创业的本钱，只好再次回到洗衣机厂上班，然而他那颗想创业的心时刻在跳动着。此后，他做过广告业务员、新工厂筹备技术组组长，也与同学合作承包过各类工程，但每次都以失败告终。尽管如此，徐滨并不气馁，他坚信自己终有一天能够用勤奋与智慧来证明自己的能力。2002年，徐滨创办了合肥市辉采照明电子工程有限公司，主要承接城市照明工程。可是仅仅做了一年，徐滨又因为与合作伙伴及内部技术骨干产生分歧，双方停止了合作，最终导致企业倒闭。

徐滨深有感触地继续说："一开始，大家都不会考虑很多事情，一心只想把事业做起来，在利益分配上大家并不计较太多。但是企业做大做强、有了效益之后，有的人就对自己的薪酬不满意，合作伙伴之间就会产生矛盾，危及企业的生存与发展。"

这一次的挫败让徐滨彻底崩溃了。10年来，他从事过10多种行业，当过几回老板，却没能获得成功。他感到迷茫，觉得眼前的路一片灰暗。

"再次失败后，我得了抑郁症。我不敢见人，睡不着觉，心里发慌。我觉得自己无能，像个废人。"他伤感地说道。

徐滨的病情越来越重，失败的打击和生活的压力，让他整天抬不起头。

父母拿出所有的积蓄给他治病，父亲整天带着他跑市场找项目，为他营造愉悦的氛围，增强他的自信心。在家人的精心呵护下，徐滨一边配合治疗，一边重新吸取失败的教训，准备重新开始创业。

"在父亲的帮助之下，我先后承接了蚌埠锦江宾馆照明工程等几个项目。虽然工程不大，但是我从中找回了自信，也找到了为我治病的灵丹妙药。"徐滨高兴地说。

伴随着工程项目的成功，徐滨逐步走出了阴霾。他明白投资有风险，创业有成败。他也相信自己，从哪里跌倒就该从哪里爬起来。

随着一个又一个工程项目的顺利实施，徐滨的名字与安徽城市照明行业紧紧地联系在一起。凭借精湛专业的技术、优良的产品与服务，徐滨先后承接了翡翠湖迎宾馆、合肥奥体、巢湖市行政中心、蚌埠龙子湖公园和合肥翡翠湖公园等大型工程照明项目。经过3年的艰苦奋斗，徐滨带领合肥市辉采照明电子工程有限公司涅槃重生，2005年合肥市辉采照明电子工程有限公司成为安徽照明行业的龙头企业。2008年，徐滨走出安徽，相继承接了上海世博园部分场馆的景观照明工程，上海张江动漫产业园景观亮化工程，三亚亚特兰蒂斯酒店、海口长影环球100主题乐园和深圳新会展中心等一大批在国内具有影响力的工程的照明项目，为安徽的照明企业在国内照明行业争得一席之地，徐滨也众望所归地当选为安徽省照明协会副理事长。

2009年，徐滨抓住国家提倡节能减排这一机遇，与安徽投资集团合作，成立了安徽皖投新辉光电有限公司，主要从事公司业务研发、生产和销售服务LED系列产品。2014年，总投资2亿元的皖投新辉光电产业园落成，该园区拥有生产区、实验区、产品展示区和研发中心区等。公司现有员工600多人、科研人员90多人，主要研制生产智能环保灯饰，包括LED吸顶灯、日光灯、投光灯、太阳能路灯、电子显示屏及多功能照明系统。公

司基于LED技术和现代照明技术，联合清华大学、中国科学技术大学等一流大学和科研院所，通过人类文化、人工科学、仿生科学等学科的不断研究，开发照明新技术，为客户提供符合不同审美需求的个性光源。目前安徽皖投新辉光电有限公司已拥有100多项自主知识产权的专利技术。其中，公司系列产品在结构散热、显色和效率等方面的技术处于国内领先地位，成功承接了合肥新桥国际机场、京福高铁、英国乐购、南京照明等项目，产品远销国内外。如今公司已成为万达、华润、复星文旅、龙湖地产、华夏幸福、中建安装和中国铁路总公司等知名企业的战略合作伙伴。

2018年，中国智慧城市建设行业蓬勃发展，徐滨又抓住机会，依托中国科学技术大学火灾国家重点实验室、安徽省智慧城市工程技术研究中心等国家级、省级科研平台，与安徽建筑大学合作成立了安徽省建大智慧城市工程技术中心股份公司，介入智慧城市领域关键技术的研究和开发，走产学研合作发展之路。徐滨将带领公司进入智慧城市建设领域，开启技术引领企业发展的新时代。

失败是成功之母，从哪里跌倒就从哪里爬起来的徐滨正以崭新的姿态，迎接明天，开辟事业发展新征程。

# “哭”出家门

## ——记长兴鸿祥装饰设计有限公司董事长　曹国胜

人们常说“在家千日好,出门一时难”。如果不是为生活所迫,曹国胜不会选择离开家,出门讨生活。他原本生活在一个还算富裕的家庭里,常年以逮鱼摸虾为业,日子过得衣食无忧。为了追求更大的发展，20年前,他承包了郝家湖围渔场,大搞水面开发。可是没想到,一场洪水淹没了渔场,冲走了他的梦。

俗话说,靠山吃山,靠水吃水。家住霍邱县邵岗乡沣河村的曹国胜利用城西湖的便利条件,搞鱼虾养殖,日子过得顺风顺水。然而1998年,正

当他想利用村里的郝家湖水面搞水面养殖、壮大养殖事业的时候，谁知一场洪水淹没了养殖场，曹国胜致富梦也随风而去。

“那年发大水，鱼跑掉一部分，后来鱼又卖得便宜，这一年下来我亏了一两万块钱。那时候两万块钱可是笔大数目，是几年的血汗钱，这钱还是我借的。”他回忆道。

这样一来仅靠逮鱼摸虾，什么时候才能还清欠款呢？曹国胜望着被洪水淹没的渔场，心里盘算着今后的路该怎么走。后来在宜兴亲戚的介绍下，曹国胜东挪西借凑了38000多块钱，购买了一辆农用小货车到宜兴跑运输。

“宜兴的亲戚帮我介绍了好多琉璃瓦厂的活，我就拼命干。一天早晨，我和往日一样出门拉货，不料却发生了车祸。当时觉得天都塌了，什么都没有了。”曹国胜介绍说。

然而祸不单行，仅仅2个月后，曹国胜又发生了一场车祸，他需要赔偿对方5万元医疗费。本来曹国胜已是债台高筑，这场车祸更让他雪上加霜。他托亲告友，能借钱都借了，还是凑不齐这赔偿款，该怎么办呢？

“我买车的时候亲戚已经借了钱给我。我出了车祸，再向他们借四五万元钱，亲戚朋友都不敢借了，怕我还不起。我实在没有办法，只好把老家的房子卖掉赔钱。”他深情地说。

曹国胜贱卖了老家的房子，把车祸的事情处理好之后，已是身心俱疲。虽然经历了一次次的磨难，但是为了这个家，曹国胜打起精神，决定在哪里摔倒就在哪里爬起来。

“我每天早晨两三点起床，给琉璃瓦厂拉七车泥，一趟赚运费50元，我一早上拉七趟就能赚350元。除去油钱，我一天能赚300元。在矿山拉泥巴，自己脏的都看不到人，晚上回家能洗出一盆黄泥巴水，嘴巴、鼻子里全是灰。连续七年我都没回过老家，一天的活都没敢耽误。”他回忆说。

经过几年的打拼，曹国胜靠着这辆农用车还清了全部的债务。2007年，正值房地产产业兴起，他看到有老乡在搞吊装工程，也想去尝试一下。由于隔行如隔山，曹国胜一时拿不定主意到底要不要搞工程。然而一次去浙江长兴送货的经历让曹国胜最终下定了决心。

“我跑运输的时候，天天往长兴送货。那时长兴才开始开发高层住宅，我就到处打听是否需要吊机搬运，正好遇到一位安徽老乡。在他的帮助下，我开始做建筑吊装工程。”他兴奋地说。

没想到这次机遇彻底改变了曹国胜的人生。他放弃了跑运输，投入10多万元，购买了9台吊装机械，成立了长兴佳合人力资源服务部，专门承接建筑吊装工程。一时间曹国胜的工程项目遍布长兴县大小工地，高峰时期他雇佣的人员有200多人。随着项目相继完工，他又将目光转向装饰工程与设计行业。2015年，曹国胜创办了长兴鸿祥装饰设计有限公司，全面进军装饰设计领域，为写字楼、商场和酒店等提供服务。公司以顾客至上、诚信经营为理念，以优质产品和服务赢得了客户信赖与支持。2015年，曹国胜乘势而上，投资1000多万元，创办了长兴格兰国际大酒店餐饮部，开创了多产业共同发展的新局面。

# 挥毫泼墨写人生

## ——记中国国墨天下书画研究院执行院长　曹景辉

童年的一个举动、一个爱好往往会影响人的一生。曹景辉从小就喜欢写毛笔字。那时候的他虽然不懂书法，但是因为喜爱书法，毛笔字一写就是30多年。曹景辉写出了人生的精彩，写出了事业的辉煌。

曹景辉家住霍邱县范桥乡。在他的记忆里，写毛笔字是他唯一的爱好。曹景辉的父亲是一名中学教师，酷爱写毛笔字。每逢年关乡，邻们都会请曹景辉的父亲写春联，曹景辉就在一旁观看。

“小时候父亲教了我半个月左右的书法，之后他给人家写春联，我就在一边看，看得很入神。”他回忆道。

曹景辉一边看着父亲写字，一边琢磨着自己的字该怎么写。然而写来

写去挥毫泼墨写人生，自己还是不满意。天真的他总认为自己的字写得不好，是因为自己的毛笔不好。

“我的毛笔五分钱一支，我父亲的毛笔两三毛一支，我趁父亲出去的时候偷他的毛笔用。后来被父亲发现了，他就把毛笔锁在抽屉里。笔被锁起来也难不住我，我小手一勾就把笔勾出来了，估摸着父亲快回来时，再把毛笔放回去。”他回忆道。

中学时代，曹景辉有了更多学习和写毛笔字的机会。曹景辉如鱼得水，积极参加各类校园活动，出专栏、刻钢板……这不仅让曹景辉的书法爱好有了用武之地，而且也让他从中找到了更大的乐趣。

曹景辉中学毕业便走上了打工之路，成为上海农场局回力轮胎厂一名普通的工人，工作之余他始终忘不了练字。工厂条件有限，没地方练字，他就带着笔墨纸在门卫室里练。这一举动被厂领导看在眼里、记在心上，不久曹景辉便被厂领导调到宣传科工作。

“此后我们单位大大小小的宣传标语、生产车间的操作规程都出自于我手，另外我还负责宣传栏的更换和布置工作。”他说。

这份工作不仅给曹景辉带来了写毛笔字的机会，还使他的书法作品得以展示。他努力学习、认真工作，不断提高自己的书法写作水平。

曹景辉说：“这期间，厂里给我订了三种书法杂志，我也陆续参加了农场局、上海市乃至于全国的书法展和比赛，获得上海农场局书法比赛一等奖，这给了我莫大的鼓励和信心。”

为了谋求更大的发展，1994年曹景辉毅然辞去了轮胎厂这份安逸的工作，来到上海文化技术学校，进行书法专业深造。为了生活，他一边求学一边打工，在一家通讯器材公司做销售。曹景辉能吃苦，连续3个月他的销售业绩在全公司遥遥领先，很快他便被提拔为销售经理。

为了能够养家糊口，也为了给自己的书法爱好提供经济来源，曹景辉创办了上海崇佳通讯设备有限公司。这期间，他参加了上海市文化继续专修学校书法函授学习，并在中国书法函授大学陕西分校专业进行系统的学习，2008年他还参加了北京市委党校书法本科成人班。他热爱书法，一有机会就会学习书法。

“当时我每周完成的作业量超出同学的数倍，我花了一个星期的时间把一本字帖写成一个长卷，同学和老师们都惊呆了。后来有同学甚至愿意花钱购买收藏我的作品。”他回忆说。

曹景辉的作品第一次产生了商业价值，这让他兴奋不已。随后曹景辉将全部精力投入书法艺术创作中。

他说："我毅然决定把我的通讯设备公司关掉，想一心搞书法。"

2008年曹景辉在北京成立了工作室，专门从事书法艺术创作。与此同时他创办了青少年书法培训班，并在北京市委党校担任书法老师，为了让自己的书法作品尽快走向市场，2011年曹景辉创办了国墨天下书画研究院，以弘扬中国书画艺术、促进文化产业发展为宗旨，展示与传承优秀书画作品，发掘与培养优秀艺术家，努力打造书画家与大众交流的互动平台，积极推动中华书画艺术走进普通人的生活。

# 风雨育人路

## ——记上海浦东新区唐四小学董事长　耿纪好

20年前，农民工子女上学是社会广泛关注的问题。耿纪好在一次考察中亲眼见到了农民工子女面临着上学难的问题，就在此时他接过上海皖蓼第八学校校长这个重担。这就意味着他需要放弃安逸的乡镇工作，走民办教育之路。面对来自各方的压力，他坚信自己有足够的信心和勇气去迎接挑战。

走进上海市浦东新区唐四小学，映入人们眼帘的是一栋栋崭新的校舍，以及设置合理的教学设施。校园里时而书声琅琅，时而歌声飞扬，天真烂漫的孩子们尽情享受着美好的时光。看到这一切，谁又能想到这所学校的前身是皖蓼第八学校呢？

耿纪好1982年毕业于霍邱师范学校，后被分配到潘集镇中心小学任

教，接着被调往潘集乡企业办公室工作。一次偶然的机会，耿纪好来到上海调研农民工子女就学问题，这让他感触颇深。

“1999年，我陪县有关领导到上海验收九年制义务教育成果。因为家乡1991年发大水，许多农民举家搬迁到上海务工，但是当时由于受户籍限制，很多农民工子女不能在上海入学。我看到一些孩子在菜市场附近的垃圾场边玩耍而不能去上学时，我就感到心疼。”他回忆道。

耿纪好把这些看在眼里记在心中。这时一位分管教育的负责人希望他能留在上海，把将要倒闭的皖蓼第八学校重新办起来。当时的皖蓼第八学校是一所民办农民工子弟学校。几间简陋的平房和一个只能算作农田的操场，加上47000元债务，就是学校全部的家当。如果耿纪好接手这所学校，学校将彻底走上民办教育之路。这就意味着他必须放弃家乡的工作，丢掉“铁饭碗”。

受过专业师范教育、对教育事业情有独钟的耿纪好，还是欣然挑起了这个重担。面对来自方方面面的压力，他心里很清楚前方的路会有怎样的坎坷。

初来乍到，耿纪好感到很迷茫。这所学校该如何发展、民办教育的出路在哪里成了摆在他面前的难题。

“我翻阅了多本关于中国民办教育发展之路的书后了解到，民办教育力量是比较弱小的。走什么样的办学路子，是我需要思考的问题。当时我国的民办教育正处于起步阶段，没有现成的办学模式可循；办教育需要投入大笔的资金，学校又没有资金来源，怎么办？”耿纪好说。

耿纪好根据自己担任乡镇企业干部积累的经验，经过深思熟虑，毅然决定创办兴亚金属制品厂，专门生产玩具配件，将贷款投入企业，靠收入投资教育。当年他就从企业利润中拿出数万元，投资建设学校。

耿纪好之所以选择从事民办教育事业，是因为自己的一份爱心，爱学校就像爱家庭，爱学生就像爱孩子。无论是交不上学费的学生，还是调皮捣蛋的学生，他从不拒绝接收。他有一个信念，那就是绝不让农民工的孩子成为流浪的三毛。经过不懈的努力，学校学生逐年增多，师资条件及办学条件也明显有所改善。耿纪好以企业养教育的理念让他看到了民办教育的希望。为了增加教育投入，他卖掉了亲手创办的兴亚金属制品厂和金山金属构建厂全部的股份，

先后投入1800万元，用于改造学校和添置教学设施，同时这一举措也得到了上海市教育部门的认可和支持。

“我们学校虽然是民办学校，但是同样获得了上海市教育经费的补贴。我们学校和公办学校一样不收任何费用，如书本费等，每位学生都享受与公办学校学生相同的待遇。”耿纪好说。

后经浦东新区教育部门批准，皖蓼第八学校更名为浦东新区唐四小学，校园也已旧貌换新颜。

今天的唐四小学已实施开放式教学，公开办学的举措受到区政府的重视，并在同类学校中得以推广运用。2003年学校被认证为“青少年教育基地和小记者培训基地”；2006年在江浙沪两省一市作文大赛中，四十一

名唐四小学学生分获二三等奖；2007年学校还被授予“企事业先进单位”称号；2011年被评为“全国民办教育先进单位”称号；2018年被认证为“华东师范大学青少年研究实验基地”“新教育实验学校”；2019年学校少先队还被浦东新区教育局授予“优秀少先队大队”光荣称号。

耿纪好深有感触地说：“在办学的过程中，我懂得了有放弃就有收获。我虽放弃了“铁饭碗”，但我收获了幸福。

唐四小学虽然被纳入上海市教育管理体系之中，但是耿纪好明白，学校民办教育的性质没有变，负责教育投入的重担仍在自己的肩上。在稳步办学的基础上，他坚持以商养教、以商兴教的道路，创办了上海易安建贸易有限公司。与此同时，出于对家乡深厚的感情，2010年耿纪好先后投资1亿多元，在潘集镇创办了安徽淳大农业开发有限公司。公司开展林果、蔬菜和苗木等多品种销售业务，形成现代化农业生态产业园，为家乡发展贡献了一份自己的力量。

# 豆腐先生

## ——记杭州东方威尼斯国际大酒店有限公司董事长　耿天才

2017年8月9日，杭州东方威尼斯国际大酒店在喧闹声中盛大开业。在这个喜庆的日子里，最为激动的人要属酒店董事长耿天才了。20多年的风风雨雨，他从卖豆腐做起，一路打拼，尝遍辛酸。东方威尼斯国际大酒店的开业，标志着他在人生道路上迎来了一个新的里程碑。

耿天才家住霍邱县三流乡，初中毕业后他一直想出去闯一闯。那时候的耿天才没有做生意的门路，也不知道去哪里打工。耿天才听人讲“上有天堂，下有苏杭”，因此想到杭州看看，可是自己连路费都没有，最后还是跟姐姐借了50块钱才来到了杭州。

豆腐先生虽然来到了五彩缤纷的城市，但耿天才举目无亲，居无定所。接下来的一个多月里，他连饭都吃不饱，他感到很迷茫。幸好耿天才的老乡因家中有事让他顶替自己上班，这才让耿天才有了与工厂接触的机会。他风里来雨里去，整天骑着三轮车为红光浪花豆制品厂送货。厂领导认为耿天才勤劳肯干，便把他留了下来继续为厂里送豆腐。

耿天才在送货的过程中，看到别人卖豆腐能挣钱，便萌生了做豆腐生意的想法。于是，厂里就在翠园农贸市场给他分配了一个摊位。可是事与愿违，别人的生意蒸蒸日上，而耿天才的却每况愈下。

“别人的摊位上，顾客在排队买菜，而我一天就只能卖掉几十块钱的货物。豆制品当天卖不掉，第二天就坏了，生意就这样黄了。”他回忆道。

耿天才不相信自己会输，别人能做到的事情自己也一定能做好。

于是他不断地总结经验，寻找新的销售渠道。他发现别人生意做得久，有固定的客源，而自己没有固定客源。针对这一问题，他与爱人商量，决定由爱人负责打理摊位，自己出去找市场。经过一番努力，耿天才的摊位营业额从过去的每天几十元猛增到数万元。他兴奋地说："那时我的生意相当好，周边的大专院校和机关单位食堂的货都是我送的，每天我摊位上要送的货物都堆成山了，厂长来市场看了都吓一跳。"

生意这样火爆让耿天才自己都没想到。可是生意好了，问题又出现了。他说："货源不足是我最大的烦恼，每天供货量只有销售量的一半，单位的货送完以后就没货了。摊位上没有零售货，这个生意还怎么做？"

在这种情况下，1994年，耿天才投资10多万元，创办了一家小型豆制品厂，想为自己的生意补货。可是没想到，耿天才虽然天天与豆腐打交道，但做豆腐却是个门外汉。

一时间，耿天才厂里做出来的豆腐无人问津，生意受到很大的影响。耿天才不服输的劲头又冒出来了，他从工艺流程入手，在细节上下功夫，把控豆腐生产品质。品质不达标的产品，宁可销毁也不上市。功夫不负有心人，经过3个月的不断摸索和研发，耿天才的豆腐产品质量达到上乘，产品一路畅销。

2008年，耿天才乘势而上，投资1800多万元，在余杭区创办了首家机械化豆制品生产公司，引进了全自动机械化生产线，成为杭州市规模较大的豆制品生产厂家之一。他的产品不仅覆盖了杭州市大大小小的市场和超市，还卖到了杭州周边城市。

20多年来，耿天才把所有的精力都投入了豆腐经营之中，他因此也被人们称为“豆腐先生”。多少个日日夜夜，多少次雨雪交加，汗水与泪水交织成幸福的源泉，勤劳与智慧凝结为成功的动力。他风趣地说：“我们上午十点半吃饭，十一点半投入工作，晚上五六点开始发货，直到深夜。俗话说世上有三苦，撑船、打铁、磨豆腐，做豆腐真的很辛苦。”

2016年，一个偶然的机会，耿天才获得了东方威尼斯大酒店的改造权，他投资8000万元对酒店进行全面改造。这是继豆制品制作行业之后，耿天才投资的又一个新的产业。

杭州威尼斯国际大酒店富丽堂皇，酒店集餐饮、宴会、客房、健身和棋牌服务于一体。酒店设施高档、配套齐全，设有智能管理系统和安全管理系统，可承办各类文艺演出活动。酒店还与上海华盛婚庆公司合作，承办婚宴。杭州威尼斯国际大酒店是杭州市西湖区一家别具特色的五星级商务酒店，同时也是接待宾朋和举办庆典宴会的理想场所。

# 两万元的诱惑

## ——记上海市胜朝机电有限公司董事长　高中胜

面对20世纪90年代两万元的诱惑，你是否会动心呢？ 20多年前，高中胜帮助一位萍水相逢的上海师傅讨要到了2万元的货款，朋友劝他，拿着这笔钱回家算了。然而高中胜并没有这样做，他把钱如数给了这位上海师傅。高中胜靠诚信赢得了这位上海师傅的信任，也正是因为诚信，在师傅的帮助下，高中胜的创业之路越走越宽。

高中胜家住孟集街道，他在父母的呵护下健康成长。高中胜初中毕业后便诞生了外出打工的念头，即便家人反对，他还是向同学借了30元钱来

到了上海。

初到上海，一切都那么陌生。高中胜迷茫了，不知道自己能做什么，只好投靠了在上海打地桩的表哥。在表哥的帮助下，高中胜去打桩队做了临时工。别人每月有七八百元的工资，而他只有300元的工资。

别看高中胜年纪小，干起活来却像个大人。因工作认真负责，他很快得到老板的赏识。不久老板新开一处工地，便提拔他担任新工地打桩队队长。

高中胜从老家招了20多名民工组建了新的打桩队，收入与日俱增。可是好景不长，因工地发生斗殴，打桩队被解散了。尽管老板一再挽留高中胜，高中胜最终还是离开了打桩队。

一天，高中胜在路边溜达，遇到一位收废品的师傅，便上前帮忙把废品装车。在后来的交往过程中，这位上海师傅发现高中胜精明能干，对其产生了好感，高中胜也经常利用休息时间给师傅帮忙。有一天，师傅突然让高中胜去外地讨要一笔货款。

“我记得很清楚，早上五点钟起床坐车去吴江，拿到了2万元货款，都是10块一张的面额。”高中胜回忆道。

高中胜说：“回来之后天都黑了，我遇到几个老乡，邀我去吃夜宵。我把讨要货款的事情跟老乡说，他们劝我拿钱走人。我想，人家那么信任我，我不能做昧良心的事。”

其实自高中胜出门后，这位师傅就一直在焦急地等待着高中胜。后来他干脆搬了把椅子坐在高中胜的宿舍门口苦苦等着。

高中胜说：“吃完夜宵已经十二点多了，师傅还坐在门口等我，见到我惊讶地说‘你终于回来了’。”

从此以后，师傅更加信任高中胜，对他倍加宠爱。他让高中胜辞去了工作，帮自己跑业务。

在师傅的帮助下，高中胜忙里忙外，熟练地掌握了电缆盘的回收、维修及销售业务。随着师傅年岁渐高，不适合再做这种需要体力的生意，于是师傅便语重心长地对高中胜说：“我把这些业务交给你，你自己做吧。”

于是，师傅借给高中胜2万元，并把自己的仓库和设备都留给他用。高中胜有了自己的事业，工作就更加努力了。他与上海电缆厂建立了业务关系，并以上海电缆厂为依托，成立了上海电缆厂电缆盘回收办事处，生意很快越做越大。

20世纪90年代中期，上海进入大发展时期，高中胜不失时机地投资办厂。短短几年，高中胜先后在上海闵行、金山和浦东等地创办了4家电缆盘厂。2002年，他又抓住国营企业改制这一机遇，成功收购了当初扶持他起家的上海电缆厂，接着他又将上海嘉定摩思电子有限公司收归麾下。

2006年，他回乡投资，与上海光明鞋厂合作，在家乡孟集镇创办了联友针织厂，专门为达芙妮鞋业生产鞋面。这期间，他还在孟集、六安等地开办了电缆厂，投资创办了上海云胜物流等两家物流公司。2010年，高中胜的事业再上新台阶，他紧紧抓住上海亚龙集团内部改制这一机遇，与其他股东一起投资2亿多元，将亚龙电缆厂从亚龙集团中“剥离”出来。2016年，他抓住上海玩具企业产业转移这一机遇，在孟集镇创办了华东玩具城，吸引了40多家玩具厂商回乡创业。

多少年风风雨雨，多少年酸甜苦辣，高中胜在创业道路上摸爬滚打。他始终坚守“诚实守信，吃苦在前”的信念，坚信自己的创业道路会越走越宽。

# 感谢有你

## ——记苏州市吴江区盛泽思进小学校长　黄丽云

如果说当初办学校是为了维持生计，那么随着对教育事业的不断追求，如今办学校、办教育对黄丽云来说更多的是一种责任、一种奉献。18年来，黄丽云走过了不同寻常的办学之路，风雨坎坷她都记忆犹新。

黄丽云家住霍邱县夏店镇。高中毕业后她嫁到了众兴乡，日子本过得其乐融融，可是1994年的一场车祸彻底改变了她的生活。

原本她和姐妹们合伙买了一辆客车跑客运，但一场车祸致使车辆报废。黄丽云被迫背着五万元的债务离开家乡，走上了打工之路。她说："我这辈子完了，翻不了身了，有家也不敢回。"

就这样，黄丽云带着孩子和爱人一起来到上海，在上海一干就是6年。她上过班，开过小店，日子过得紧巴巴的。后来亲戚在上海办了一所民工子弟学校，安排她当老师。这让黄丽云一头雾水："自己从来没有教过书，也没有人来指导我怎么教学生。我不知道该从哪入手，上什么课、怎么上课。”

可是，看对学生渴求知识的眼神，黄丽云只好赶鸭子上架，教起了学生。她回忆说：“第一堂课我教他们唱歌，第二堂课教他们背古诗，可天天这样怎么行呢？于是我就站在窗户旁边偷看隔壁的老师怎么上课，然后照他们的样子上课。”

从那以后，她便与教育结下了不解之缘。2000年，仅仅教了一年书的黄丽云作出一个决定，自己也要办一所民工子弟学校，给更多外来的孩子提供上学的机会。她利用暑假两个月的时间，跑遍了上海及周边地区，考察生源，寻找办学场地。黄丽云到苏州吴江区盛泽镇考察看到的一所民工子弟学校的情况让她深有感触，她说：“学校大概只有20平方米大小，教学楼就像农村的土砖房一样，非常简陋。”

看着眼前破败的学校，看到民工子女求学的眼神，黄丽云决定在盛泽办一所像模像样的学校，为民工子女创造一个良好的学习环境。经过多方努力，黄丽云租下了一栋两层小楼。

正如黄丽云想得那样，学校第一学期便生源爆满。到第二个学期时，在校学生就达到300人。尽管把所有的空间都利用上，但还是不能满足教学的需求。

虽然学校地方很小，但是教学设施一应俱全，教学质量也不错，赢得学生及家长的一致好评。2006年，为了做大做强学校，让外来的孩子在盛泽不仅有书读，还可以读好书。在黄丽云的努力下，在当地政府的支持下，学校租赁到了9000多平方米的建校用地。根据预算，建一所学校需要700万元的资金。700万元对于黄丽云来说简直是个天文数字，这笔巨额建校费用一度让她很绝望。

然而世上无难事，只怕有心人。黄丽云凭着一股韧劲，坚持走自己的路，一方面与建筑公司达成分期付款的约定，另一方面想方设法筹集资金。她的行动感动了所有人，也得到了亲戚朋友的大力支持。

黄丽云激动地说："建筑公司很支持我，表示工程款可以延期到五年后支付，亲戚、朋友、老乡和学生家长手上就算只有1000块钱也都拿来让我用。就这样我把第一批工程款筹齐了。"

当地女企业家朱娟得知这一情况后很受感动，她深知女性创业的艰难，主动提出愿意为黄丽云担保贷款，以帮助她渡过难关。

2007年9月，吴江盛泽思进小学在亲朋好友的帮助下，顺利地搬入新校区。10余年来，黄丽云不断投资办学，改善办学条件。如今的思进小学

校园里书香浓郁、设施一流，拥有图书室、未来工程工作室、微机室、音乐室、书法教室、多媒体教师和会议室等。教室空调、纳米黑板等硬件设施和公办学校相比毫不逊色。自建校以来，盛泽思进小学内抓管理、外树形象。在几代教职员工的不懈努力下，特别是在当地名校——盛泽实验小学教育集团优质教育资源的辐射引领下，学校的教育教学成绩在同类学校中始终位居前列，展现出办学理念先进、教育教学态度严谨、综合实力雄厚和社会信誉良好的广阔发展前景。

十八年风风雨雨，承载着思进小学的发展与辉煌；十八年酸甜苦辣，记录了黄丽云的勇敢与担当。她感慨地说：“一路走来，我要感谢家人朋友们的支持，也要感谢老乡的关心，还要感谢朱娟的信任。正是有了他们的帮忙，才让我在办学路上有了方向，有了前进的动力。”

# 丹妮的童话

## ——记浙江丹妮婴童用品有限公司董事长　崔　兵

崔兵初中刚毕业时，家里就给他物色好了结婚对象，准备安排他相亲，希望他能早点成家。也许是因为崔兵有着不一般的梦想，就在他准备相亲的时候，崔兵突然走了，留下了一张纸条。这张纸条上面写着："不混出个人样绝不回来！"他究竟去了哪里了？去干什么？

崔兵家住霍邱县三流乡。1991年，他独自一人来到上海，希望靠自己的努力，能在上海取得成功。可是他一没学历，二没技术，在人海茫茫的大上海站稳脚跟谈何容易。

"当时自己除了一床被子就什么也没有了，流浪街头，有时候一天只能吃上一个馒头。那年冬天，雪下得特别大，我劳累了一天，晚上就睡在屋檐下，早上醒来一看被子都结冰了。"崔兵满怀深情地回忆道。

那年他才17岁，一对卖菜的小夫妻看他可怜，给了他30元钱，让他买点吃的。这个钱就成了他的救命稻草。他拿这30元钱当本钱做了卖茶叶蛋的生意，3个月就赚了三四百元。可是钱放在口袋里还没被捂热,就被几个玩扑克牌游戏的年轻人给骗走了。

崔兵的家底只剩下几个茶叶蛋了,他的生活又回到了原点。后来在好心人的介绍下,崔兵来到黄浦江码头搬水泥。为了多挣钱,他一连干了六天七夜。

"六天七夜没睡觉,拼命干活,累得吐血。这个时候人家就把我辞退了,怕我死在工地上。"他伤感地说。

就这样,崔兵遭遇了很多挫折,但生活还得继续。接下来他卖过水饺、馄饨、面条和茶叶蛋,也摆过地摊。

1994年,崔兵的堂哥在杭州承包了一家酒店厨房,他便来到这里做洗菜工。虽然每个月的工资只有400元,但他却很满足,因为在这里他能学到厨师手艺。

功夫不负有心人,崔兵勤学苦练,掌握了厨师技能。两年后,他被另一家酒店聘用了,工资一下子涨到3000元。稳定的工作让他感觉轻松了很多,于是在闲暇之余他总想找点事情做做。

"我讨过饭,流浪过,睡过马路。对于我来说,厨师的工作还是非常轻松的。有了空闲的时间,我就想下班去摆地摊,想让日子过得更好一点。"他感慨道。

每天晚上下班后,崔兵就去夜市上摆地摊,卖些工艺品、小玩具之类的小商品。有时他一个晚上能赚几百元,一年算下来摆地摊赚的钱比工资还要高。崔兵做了六年的厨师,也摆了六年的地摊。

崔兵是个知恩图报的人，他始终没有忘记一路走来曾帮助过自己的人，尤其是在上海那段不平凡的日子里，帮助过自己的好心人。他要去上海向他们表达自己的感激之情，然而正是这次上海之行改变了他的人生轨迹。

20世纪90年代，上海正处于大开发时期，上海的变化十分大。崔兵既没有好心人的地址，也没有他们的电话，想在上海找一个人等于大海捞针，然而他并没有放弃。崔兵租下一辆摩托车，花了半个月的时间，最终找到了帮过自己的好心人。这些天他白天找人，晚上闲来无事就去城隍庙小商品市场里逛，偶然发现一种铁艺益智玩具。他觉得这种玩具比较少见，便把这种玩具带到自己的地摊上卖。一时间，小小的地摊被顾客围得水泄不通。地毯的生意日渐红火，于是崔兵辞去了厨师工作，专门销售铁艺玩具。可好景不长，很快满大街都是这种铁艺玩具的叫卖声，崔兵的生意受到很大的冲击。崔兵立即改变销售思路，改卖木质玩具。木质玩具因具有安全、益智等特点，再次受到消费者的青睐。然而这还是招来了商贩们的跟风与效仿。不到半年，崔兵的周围便出现了上百个木制玩具卖家，崔兵的生意越来越不好做。

在残酷的竞争中，崔兵又一次改变了销售思路：既然你做零售，那么我就来做批发。2001年他在义乌小商品市场开办了第一家木质玩具批发商铺，大大扩展了销售空间，经济效益也成倍增长。可是没想到，新的挑战又来了。

“当时在义乌市场上，我是经营木质玩具的独家。然而仅在一年的时间里，销售木制玩具的商家就增加了六七十家，形成了恶性竞争。于是我就想，你做零售我就做批发，你做批发，那我为何不去开个工厂，给他们供货呢。"他说道。

经过周密考察，2003年，崔兵在浙江云和县创办了自己的玩具厂。建厂初期，他发现云和县虽然是全国木质玩具的生产基地，但是却没有自己的玩具品牌。于是崔兵率先注册了"丹妮奇特"商标，成立了研发中心和销售公司，实行统一定位、统一包装、统一价格、连锁销售的经营模式，将自己的产品正式推向市场。

丹妮奇特玩具成功地将动漫文化融于其中，提高了玩具的教育附加值。由于创意新颖、价格合理，丹妮奇特玩具很快占领了国内玩具市场，订单像雪花一样飘来，经济效益逐年增加。

10多年风雨兼程，丹妮婴童用品有限公司逐步发展壮大，目前已拥有1家生产基地、3家品牌推广中心、一家电子商务公司和2家天猫旗舰店，同时还拥有100多家专卖店和3000多家经销商网店，连续15年成为全国行业销售冠军。

面对坎坷，崔兵选择了坚强；面对竞争，崔兵选择了创新。2013年崔兵回到阔别已久的家乡，投资1000多万元，创办了安徽省长乐生态农业有限公司。该公司流转土地700亩，建立了水产养殖、高档苗木及水果园基地，形成集休闲采摘、娱乐垂钓功能为一体的综合性农家乐产业园。

# 小包装带来大市场

## ——记常熟市七牌服装辅料有限公司董事长　程开宝

常熟作为我国最大的服装市场，历来是商家必争之地，也吸引了无数的追梦人。程开宝15岁就来到这里，在服装辅料领域摸爬滚打多年。

程开宝家住霍邱县龙谭镇。在他的记忆中,家里总是缺吃少穿,每年都要借钱才能交上自己的学费。程开宝因此早早就放弃了读书的机会,15岁便走上打工之路。1998年,他跟随打工潮来到常熟。由于年少体弱,程开宝一时找不到工作,只能去建筑工地打零工,挣点生活费。

当年常熟市服装行业发展得如火如荼,招商城更是年轻人向往的地方。2000年,在亲戚的帮助下,程开宝如愿以偿地走进招商城,进入一家服装辅料公司工作。他非常珍惜这份工作,对于吹塑、印刷和制袋的每一道工序、每一个环节,他都精益求精。程开宝仅用了1年多的时间,便从全厂100多名工人中脱颖而出,成为技术管理骨干。不久后,他又被提拔为厂长。担任厂长后,程开宝从提高生产效率入手,不断优化产品结构,降低生产成本,合理分配劳动任务,把生产、销售等各个环节安排得井井有条。

程开宝说:“那时候厂里一天有四辆货车分东南西北四个方向往外送货,这辆车送这里,那辆车送那里。明天下午发什么货?这条线上有几家客户……这些事情我们头一天晚上就要安排好。这样第二天就可以将货物装上车后直接发走,免得车队跑冤枉路,费油费时。”

对于打工者来说，程开宝是幸运的，在不到20岁的时候就当上了厂长，让同龄人羡慕不已。可是正当程开宝工作顺风顺水的时候，他却选择了辞职，走上了创业之路。2003年，他放弃了优厚的待遇，在招商城做起了服装辅料销售的生意。万事开头难，一开始，程开宝大单不敢接，接小单又不赚钱，程开宝每天骑着摩托车在市场上东跑西转找客户。就这样，程开宝接到的订单还是很少，有时一个月都接不到订单。他把这种郁闷和压力深深地藏在心底，坚持以阳光的心态面对未来。

“那时候回家不敢说实情，家人问有没有接到单，我总是回答说有。我只能用善意的谎言骗着家人，免得他们担心。我想，既然开始了就不能回头，再苦再难也得坚持走下去。”程开宝说。

坚持是一种信念，坚持是一种勇气。经过5年的打拼，程开宝在服装辅料贸易领域站稳脚跟，生意也越做越红火，年收入数十万元。然而他并

不满足于现状，他渴望在事业上能有所上升。2008年，他放弃自己的辅料贸易事业，转而做起了服装生意。程开宝在招商城租下店铺，代理销售品牌男装。可是隔行如隔山，由于款式不符合市场需求，从而导致产品积压。这不仅让程开宝多年的积蓄化为乌有，还让他背上了10多万元的债务。一时间，程开宝跌入人生低谷。

他说："那时候我不太懂服装销售，没搞懂服装款式。款式不好，货物就不好卖，库存自然就多了，一年四季下来库存的服装会越来越多。我们从厂里提货用的都是现金，货物卖不掉，货物和损失都是自己的。到最后我投入的钱都亏光了，光剩一大堆衣服。几年辛辛苦苦挣的钱没了，还欠下别人几十万元，我郁闷地在家待了一个月。"

面对失败，程开宝打算重新开始打工，挣钱还债。就在这时，老家来了一位不速之客，表示想要与程开宝合作办厂，把丢掉的服装辅料生意"捡"回来。原来这是一位同行，建厂初期曾接受过程开宝的帮助。这一感恩之举让程开宝眼前一亮。

程开宝说："在他建厂初期，我帮他出主意、找销路，提供过各种信息。他看我生意失败了，想来帮我一把，这让我很感动。于是我打算从头开始，重新拜访一遍以前的客户，开拓新客户。在很短的时间内，我把所有的老客户全部找了回来。"

2012年，程开宝注册成立了常熟市七牌服装辅料有限公司。公司专门生产各种包装袋、印花带、针织带，服装压花和绣花等服装辅料。经过几年的发展，公司现已拥有先进的生产设备和资深的技术人员，并为大型服装企业提供完善的辅料配套服务。公司不仅与常熟市多家服装厂建立了合作关系，还成为温州狄克、杭州速图、厦门皇家公子和杭州花花公子等服饰厂商指定辅料供应商。七牌服装辅料有限公司正以良好的发展态势，在市场大潮中逐步走向辉煌。

# 长大后我就成了你

## ——记苏州市吴江区芦墟高新小学校长　谢贻民

许多年前，沈少萍夫妻俩便开始外出打工。虽然生活并不算富裕，但日子过得顺风顺水。可是有一天，孩子上学的事成了难题，也改变了沈少萍的人生方向。

他叫谢贻民，正是当年那个上不了学的孩子。谢贻民怎么也没想到长大后自己成为了一名教师，成为苏州市吴江区芦墟高新小学校长。谢贻民毕业于北京理工大学工商企业管理系，原本有着自己的职业发展规划，但为了让更多的外来工孩子有学上，他毅然接过母亲的接力棒，走上讲台。谢贻民介绍说："刚开始我对教学并不感兴趣，上大学的时候我的职业发展方向也不是这么规划的。我之所以选择从事教育行业，主要还是受父母的影响。这些年我看着父母吃了很多苦，为教育事业付出了太多。"

说到谢贻民，不得不说说他的母亲沈少萍。沈少萍家住霍邱县岔路镇元圩村，曾经是家乡学校的代课教师。沈少萍夫妻俩都是高中生，也是周围十里八村有名的高材生，所以被乡亲们亲切地称为“大学生”。

20世纪80年代末，夫妻俩怀着美好的憧憬，背上行囊，来到淮南市一家建材厂打工。沈少萍凭借自己的勤劳与学识，先后当上了班组长和车间主任。后来她又承包了这个厂的材料车间，在车间里一干就是十年。

有一天，远在苏州做生意的亲戚上门向沈少萍借了8000块钱，说好一年内还钱，结果仅用半年时间亲戚就还清了所有的借款。这让沈少萍心里有些好奇：什么生意这么赚钱呢？她决定去看看。

当时苏州正处于大开发时期，各种工程车生意兴隆。经过实地考察，沈少萍决定让爱人一个人打理建材厂，自己买了一辆二手自卸车，在吴江区芦墟一带跑运输。

夫妻俩分居两地，各自的事业都有了起色。孩子也渐渐长大，到了上学的年龄。沈少萍原打算将大儿子留在老家读书，将小儿子留在身边上学。可是事与愿违，她托亲告友，费尽了周折，也没能让小儿子上了学。沈少萍发现许多外来农民工的孩子同样面临着上学难的问题，于是她灵机一动，决定办一所外来民工子弟学校。

有了这个想法后，沈少萍就找到霍邱县教育主管部门，很快申请到流动人口跟踪办学许可证。通过吴江区有关部门协调，2000年，沈少萍在废弃的甘溪小学原址上创办了民工子弟学校。

沈少萍将教室打扫干净，搭建了几间彩钢板房作为教职工宿舍。虽然条件简陋，但这所民工子弟学校还是如期开学了。可是学校第一学期只招收到48名学生，毛收入只有8000多元，生源不足导致学校入不敷出，就连老师的工资都发不了。这时家人都劝她放弃办学校。

性格倔强的沈少萍并不认输，她卖掉了工程车，放弃了淮南建材厂承包权，全身心地投入办学之中。她一方面挨家挨户地做好宣传工作，另一方面想方设法提高学校教育教学与服务质量。她专门买了一辆中巴车，负责接送学生。学校地势不平，每逢下雨，地面总有很深的积水，于是沈少萍和其他教职工一起将学生一个一个地背进教室。在年年亏损的情况下，沈少萍每年投入教学的经费达数十万元。

功夫不负有心人。经过几年的奋斗，沈少萍终于得到学生及家长的认可，学校生源从几十人陆续增加到400多人。

2006年，吴江区将芦墟街道原芦北小学与民工子弟学校合并，成立了芦墟中心分校，为这所民办学校的发展奠定了基础。沈少萍诚恳办学的初心，得到了人们的理解与支持，尤其是儿子谢贻民，更是亲身体会到母亲所付出的一切。谢贻民大学毕业后，先后参加苏州大学和华中师范大学的进修，学成后回到了母亲身边，接过了母亲的担子，成了一名教师。3年后，谢贻民担任了学校校长，将芦墟中心分校更名为芦墟高新小学，并投入资金500多万元，重新改造了旧教学楼，加强基础设施建设。在谢贻民的努力下，芦墟高新小学实行民办制教育公立化管理模式，先后与当地莘塔小学、芦墟实验小学互帮互学，共享教学成果。目前学校拥有1个幼儿园，在园学生8个班近300人，同时开设了2个幼托班和临时托管班；小学阶段拥有24个班级，在校学生1200多人。芦墟高新小学被苏州市教育局授予“苏州市合格学校”称号，学校在每年的综合评比中名列前茅。

# 梦在何方

## ——记杭州立幼教育科技有限公司董事长　臧丽妮

如今的大学生毕业后，往往都在为找到理想的工作而发愁。臧丽妮留学归来后，眼前同样是一片迷茫，一时间找不到人生方向。她四处投简历，参加各类招聘，却始终没有结果。

有一次，臧丽妮参加面试的时候发生了这样的一幕。臧丽妮说：“有个总裁第二天面试我时问：‘我昨天放你鸽子，你今天怎么还愿意来？’我说，你放我鸽子是你的问题，我来不来参加面试是我的问题。因为我坚守信诺，所以我来了。”

当这家公司将是否留下就职的选择权交给臧丽妮时，她没有给出任何理由，转身离开了面试现场，放弃了职位。后来，臧丽妮成功通过了多家单位面试，但她最终还是选择了放弃。

“有好多家公司很

欣赏我，也愿意雇用我，其中有一家公司更是允诺给我比较好的待遇，并让我管理一个部门，但我最终还是放弃了。”她说。

后来臧丽妮先后奔赴北京、上海和杭州等地参加各类招聘。用人单位一次次向臧丽妮敞开大门，而她却没有选择入职。臧丽妮的葫芦里究竟卖的什么药呢？

“我在韩国学习生活了多年，对国内的人才市场环境不太了解。我准备利用3个月时间多了解一下国内的情况，希望能弄清楚自己到底想要什么。”臧丽妮说道。

臧丽妮究竟梦在何方？3个月之后，臧丽妮注册成立了杭州立幼网络科技有限公司成立了。臧丽妮终于弄清楚自己想要干什么，她的梦想将在这里起航。

臧丽妮家住霍邱县夏店镇，高中毕业后便远赴韩国留学，并最终获得了韩国高丽大学本科和研究生学历。在韩国读书的8年的时间里，她付出的是青春，收获的是信心。

臧丽妮深情地说：“我虽然把青春留在韩国，但是我将我的激情、我的创造力和我的未来都带回了祖国。我在韩国最大的收获就是收获自信。我原本不勇敢、不自信、不果断，但是现在我有明确的发展方向，坚信自己的选择。”

和大多数学生一样，臧丽妮并不知道为什么要出国，也不知道学习是为了什。刚到韩国时，她不敢开口说话，缺乏沟通能力，对自己信心不足，似乎成了孤家寡人。但是几年的学习生活，给她带来了脱胎换骨的蜕变。回忆起在韩国读书的经历，臧丽妮依然记忆犹新。

她说："在国外上课的时候，同学们自己负责讲课。课前我们要结合教学大纲做预习，准备好上课要讲的内容。讲完以后，老师点评，指出讲课过程中需要注意的问题。这是一个主动学习且主动和别人交流的过程。我觉得这比师生之间单纯地教和学要好得多，渐渐地我的自信心有了很大的提升。"

在校期间，臧丽妮会抓住每一次机会，好好学习。她明白多一份付出，就能多一份收获。她严格要求自己，课前比别人更努力，课中比别人更认真，课后比别人更刻苦。尽管如此，在繁重的学习任务面前，她还是有所担心。在读研究生期间，40名同学，3年后只有1名学生毕业了，她感到压力很大。

"研二整整一年，我每天只睡三四个小时，在咖啡厅、图书馆里查资料写论文，连元旦、春节都是这样度过的。早晨七点钟起床，然后埋头苦读，回宿舍时已经凌晨三四点了。"臧丽妮回忆道。

经过一番努力，臧丽妮终于获得了韩国高丽大学硕士研究生学位，她的专业是数字化管理。学成归国之后的2008年初，臧丽妮创办了杭州立幼网络科技有限公司。

臧丽妮认为："人在成长过程中，最重要的教育是幼年时的教育。基础知识的灌输、行为习惯的养成和性格爱好的形成等都与幼年时的家庭教育有关。幼儿的行为产生偏差，可能会导致成年后的心理问题的产生，影响今后的发展。"

能够把自己学到的知识运用到工作中去,并使智慧教育得以推广运用是臧丽妮多年的梦想。杭州立幼网络科技有限公司的诞生正是她为这一梦想迈出的新的一步。在传统教育向人工智能教育转型的过程中,杭州立幼网络科技有限公司充当了数字化教育发展的垫脚石。通过基本认知、模课教学和信息跟踪等方式,公司将信息技术与教学过程深度融合,实现互联网+智慧教育教学。

臧丽妮强调说:“智慧教育不是我创造的,而是一些国家已推行了多年的教育经验与教育智慧。通过我们公司的软件,学生可以进行课前预习、课中学习和课后复习,甚至进行测试。师生之间的沟通,也都是通过软件与互联网来完成的。”

公司自成立以来,坚守“策略先行、经营致胜、管理为本”的经营理念,整合教育行业资源,开创了互联网+教育多元发展新局面。臧丽妮正以网络科技为契机,以智慧教育为已任,以专业热情为动力,在寻梦的道路上前阔步前进。

# 爱情来敲门

## ——记上海振禹投资管理有限公司董事长　戴国中

20年前，正是戴国中人生低谷期，偏偏爱情这时来敲门。一次邂逅让两个年轻人彼此相爱，而一无所有的他，又该拿什么来拯救爱情？

戴国忠家住霍邱县岔路镇汤楼村。1989年初中毕业后，他来到上海宝山区准备投奔哥哥。

戴国忠回忆说："当时哥哥见到我很生气，说我不好好读书，怎么跑到这里来打工。那时候我才16岁，又瘦又矮，打工都没人要。"

戴国忠好不容易找到一家酒店，做了洗碗工。看着迎来送往的客人，心想哪天自己要是能够作为消费者坐在这里，该是多么令人开心的事情。从那时起，这个简单的愿望就成了戴国忠努力的方向。戴国忠因勤劳和聪明深受酒店老板的赏识，不久这位酒店老板把他推荐给某机械厂，想让他学门技术，好有个前程。

“在厂里干了1个月，所有的技术活我都学会了，然后我就拼命干，争取多劳多得。在1年不到的时间里，我就成了全车间工资最高的员工了。”戴国中回忆道。

然而，他并没有满足现状。在家人的支持下，他购买了一辆小货车，专门跑码头搞运输，生意日渐红火。两年后，戴国忠用赚来的钱买了第二辆大货车。短短几年内，他的运输事业有了很大的起色。

也许是年少轻狂，戴国中有了钱，却不懂得珍惜。他卖掉了大货车，买了一辆二手小轿车，一时间把辛苦赚来的钱花得一干二净。在人生的十字路口，两手空空的他迷失了方向。

就在这时，爱情悄悄地来临。1998年的一天，他到夏店镇走亲戚，认识了姑娘赵娟。第一次的邂逅让两个年轻人一见钟情。当时赵娟中专毕业后，被分配到夏店镇土管所工作，而戴国忠却一无所有。世俗的偏见给这份纯真的爱情蒙上了一层阴影。

“当时她家亲戚找上门，指着我鼻子说我连工作都没有，拿什么养活赵娟。”戴国中望着赵娟不知如何是好。

就在他不知所措的时候，家里传来了噩耗，父亲遭遇车祸不幸去世。

“父亲走了以后，我几天几夜都没睡觉，内心无比悲痛。”他伤感地回忆说。

父亲是天，父亲是地，父亲的离去对于戴国中来说，就像是塌了天。

他满怀深情地回忆说：“我眼前经常浮现出这样的画面：父亲开着四

轮车到乡下收粮食，父亲扛粮包，母亲帮抬着。他们拼命地挣钱，就是想尽早攒钱买房，帮我娶媳妇。”

看着戴国中无助的眼神，赵娟悄悄地辞去了工作。两个人一商量，决定带着赵娟买断工龄的3万元钱来上海创业。俩人东拼西凑了一些钱，买了一辆自卸车，跟着堂哥拉土方做工程。风里来雨里去，戴国中不辞辛劳，起早摸黑干活。在短短五年的时间里，他利用独资、合伙等方式，购买了18台工程车辆，承接一些中小型工程项目。

2006年，对于戴国中来说是人生出现转折的一年，朋友给他介绍了一个价值千万元的项目。本来这是戴国中梦寐以求的事情，可工程即将到手时，他却犹豫了。

他说：“我们一直在做工程施工，没有真正地做过项目。因为做项目

没有经验，也没有资金和技术支撑，所以我不敢接这个项目。”

在朋友帮助下，戴国中最终鼓起勇气，接下了这个项目。果然不出所料，实际操作比想象得更加复杂。

“比如说做基础工程，我们根本不知道从哪里挖起。把桩挖断了，这栋楼就要倒掉，即使有图纸我们也看不懂。”戴国中认真地继续说，

“但是，我们没有选择放弃，咬着牙坚持了下来。最终在我们的努力下，我们完成了这个项目，且完成得非常好。”

与此同时，戴国中注册成立了上海振禹投资管理有限公司，配备了项目经理、工程师、建造师和安全员等，先后与朗诗、信达、宝华地产、保利地产、远洋地产等建立了长期合作的伙伴关系。

10多年来，戴国中以工程起家，先后创办了上海振禹投资管理有限公司、上海银爱国际贸易有限公司、上海爵士岛咖啡馆有限公司、上海金樽娱乐管理有限公司、浙江舟山京津矿业有限公司和天津宝和物流有限公司，拥有员工500多人。

“不想做将军的士兵不是好士兵。我这个人没有多大志向，但是我从来不向困难低头。”戴国中感慨地说。

爱情是试金石，爱情是催化剂。戴国中从一无所有到成为亿万富商，这一切都是因为爱情。